ZAUBER DER
WILDBAHN

Gert G. von Harling

Zauber der Wildbahn

Pirschgänge
durchs Jagdjahr

blv

INHALT

PIRSCH DURCH DEN JANUAR 9
Eine Vollmondnacht 14
Bunte Strecken in weißem Schnee 20

PIRSCH DURCH DEN FEBRUAR 25
Gelb- und Weißkehlchen auf der Spur 32
Marder, anpassungsfähig 37
...und mitunter aufdringlich 38
Hegejagd im Hornung 40
Das Wunder der Geweihbildung 41

PIRSCH DURCH DEN MÄRZ 47
Die »Hohe Zeit« der Hasen 52
Mümmelmann ist kein Angsthase 55
Zwischen Winter und Frühling 56

PIRSCH DURCH DEN APRIL 61
Zwischen Bast und blanken Enden 65
Meister Reineke – ein Überlebenskünstler 70
Teufelskreis der Tollwut 72
Jungreinekes Jagdhut 74
Okuli, da kamen sie 78

PIRSCH DURCH DEN MAI 83
Turnier der schwarzen Ritter 87
Das Phänomen der Eiruhe 91
»Nur« ein Knopfbock 92
Von der Balz des großen Hahns 96
Früher nannte man sie »Totenvögel« 100

PIRSCH DURCH DEN JUNI 103
Alte Bekannte 106
Im ersten Junimond 112

INHALT

PIRSCH DURCH DEN JULI 119

Reh oder Hirsch? 124
Rund um das »Blatten« 126
Musik vom Baum 129

PIRSCH DURCH DEN AUGUST 133

Spätbrunft 136
Ohne Hunde geht es nicht 138
Gänsesegen 144
Bracken – Urväter unserer heutigen Jagdhunde ... 150

PIRSCH DURCH DEN SEPTEMBER 155

Rund um den König der Wälder 160
Die zehn heiligen Tage 172
Stoppeltauben 176
Die Könige der Parkteiche 180

PIRSCH DURCH DEN OKTOBER 185

Enten klingeln in der Luft 192
Oktober-Symphonie in Dur und Moll 197
Hoch-Zeit im Revier der Schaufler 200

PIRSCH DURCH DEN NOVEMBER 207

Novembernebel 210
Freuden des Wachteljägers 216
Flinke Frettchen, graue Flitzer 222
Muffel 224
Wenn der Kahlwildabschuß drängt 228

PIRSCH DURCH DEN DEZEMBER 233

Dezember-Drücken 241
»Schneehasen« 248
Zauber einer Winterpirsch 250

VORWORT

»DAS LEBEN IST DER GÜTER HÖCHSTES NICHT,
DOCH IST'S DER URQUELL ALLER ERDENLUST,
UND DESSEN SEI DER JÄGER SICH BEWUßT,
SO OFT EIN STÜCK VOR IHM ZUSAMMENBRICHT.«

Wahrmund Riegler

Nur wenige Augenblicke von vielen Stunden, Tagen oder gar Wochen, die der Jäger im Revier verbringt, gehören dem Erlegen – der Zauber der Jagd liegt nicht im Töten.

Es ist der eigenartige und doch seit Menschengedenken und von Anbeginn her vorhandene Drang, mit der Natur eins zu sein, es ist der Ruf des ursprünglichen Lebens, der den Jäger hinauszieht.

Die Jagd war als älteste Passion der Menschheit von Anfang an dabei, ohne sie hätten die Menschen nicht seit Jahrtausenden überlebt, und ohne sie würden heute die Wildtiere nicht überleben.

»Ohne die Jagd wäre die Welt nicht besser, nur ärmer«, schrieb der unvergessene Walter Helemann, langjähriger Chefredakteur der PIRSCH in einem seiner Bücher.

Im ersten zarten Morgengrauen, wenn noch der Tau Wiesen und Weiden benetzt, oder wenn ein Tag zur Neige geht, abendlicher Friede sich über Wald und Flur auszubreiten beginnt, sich nach Arbeit und Hektik friedvolle Besinnlichkeit einstellt, der Geruch der Masse verweht und die Geräusche der Zivilisation verstummen – dann beginnt die Stunde des Jägers, dann zieht es ihn erwartungsfroh zum stillen Waidwerk hinaus in die Wildbahn.

Dort wo Wild seine Fährte zieht, Wälder rauschen und die Stille nur durch Lieder und Laute der Schöpfung durchbrochen wird, dort ist der wirkliche Jäger daheim, dankbar dafür, daß er, in den Kreislauf des Werdens und Vergehens naturnah eingebunden, als Teil dieser vollendeten Schöpfung teilhaben darf an der wunderbaren Schönheit der Natur, deren Harmonie nur dem offenbar wird, der sie mit wachen Sinnen durchschreitet.

Dieses Buch ist für alle geschrieben, die mit dem Herzen jagen.

Möge es bei alten Jägern Erinnerungen hervorrufen, Jungjägern Augen und Ohren für das Drum und Dran, für die eigentliche Würze unseres grünen Handwerks schärfen, und bei Nichtjägern Verständnis wecken für die beglückende und verantwortungsvolle Aufgabe, die wir mit dem Erhalt und dem Schutz unserer bedrohten Natur übernehmen durften.

Gert G. von Harling
Lüneburg

Pirsch durch den

Januar

»Doch Schutz vor allem will das Wild,
der Wald nicht mehr den Hunger stillt«

~ heißt es zum Januar in einem »Immerwährenden Jagd-Kalender« um 1860.

Für viele Jäger bedeutet der erste Monat des Jahres aber auch jagdlich die Erfüllung aller Träume des vergangenen Jahres, Träume, die ihn bereits bei der Frühjahrsbalz auf den rucksenden Ringeltauber, beim sommerlichen Ansitz auf den roten Bock oder bei den herbstlichen, geselligen Treibjagden begleiteten.

Der Monat Januar ist nach dem doppelköpfigen römischen Gott Janus benannt. Mit den zwei Gesichtern sieht er in entgegengesetzte Richtungen: rückblickend in die Vergangenheit und vorausschauend in das nächste Jahr. Dem Jäger bleiben bis zum Ende »seines Jahres«, des Jagdjahres, am 31. März, jedoch noch drei Monate, von denen gerade der Januar jagdliche Freuden und jagdliche Pflichten in ganz besonderer Weise vereint.

Starke Bockkitze werfen Ende des Monats oft das im Herbst gebildete Erstlingsgehörn, meist sind es nur kleine Knöpfe, ab. Bei sehr milder Witterung beobachtet man sogar bereits die Feldhasen beim Rammeln. Der Januar kann auch zur Wettervoraussage dienen: »Ist der Januar hell und weiß, wird der Frühling ohne Eis und der Sommer sicher heiß«, sagten unsere Vorfahren. Anders als bei der »Grünen Jagd«, wenn kein Schnee liegt, macht sich der Fallenjäger gerade im Januar, wenn keine Notzeit herrscht, den »weißen Leithund« zunutze. Bei wohl keiner anderen Bezeichnung wird ähnlich deutlich, wie besonnen das Wortspiel von früheren Jägergenerationen für eine bestimmte Jagdart gewählt wurde. Auf der gleißenden Schneedecke bleibt dem menschlichen Auge nämlich kaum etwas verborgen. Alles, was sich im Revier

Nicht nur dem Wild, auch den Singvögeln ist der Jäger verpflichtet.

In unserer zumeist ausgeräumten Kultursteppe werden Schüttungen und Fütterungen vom Niederwild sehr geschätzt....

noch vor kurzem bewegt hat, wird sichtbar. Der Schnee bedeutet außerdem Schutz und speichert Wärme für das darunter sprießende, neu erwachende Leben.

Eine geschlossene Schneedecke ist also keinesfalls ein »Leichentuch«, das Feld und Flur bedeckt und nur von den tiefen Fußspuren der Jäger und Heger mit schweren Rucksäcken voller Wildfutter auf dem Rücken zerrissen werden kann. Romantisch verklärte Tierschützer mögen es fälschlicherweise so sehen, und gedankenlose Menschen, die sich nur wenig mit der Natur auseinandersetzen, sich ihr nicht verbunden fühlen, mögen ebenso empfinden.

Für den Jäger ist die dichte Schneedecke jedenfalls ein offenes Buch, in dem er lesen kann und aus dem er Aufschluß erhält über all das, was sich in seinem Revier kürzlich zugetragen hat. Es mag sehr verlockend sein, in diesem großen Buch, das die Natur aufgeschlagen hat, zu blättern, doch ist Ruhe nun die erste Jägerpflicht.

Das Überleben von Wildtieren im Winter hängt nämlich weitgehend davon ab, daß während der Vegetations-

... vor allem Rebhühner bedürfen dann unserer besonderen Hilfe.

Die glitzernde
Funkelpracht, an
der sich unsere
Vorfahren früher
in fast jedem
Winter erfreuen
konnten, wird
von Jahr zu Jahr
seltener bei uns.
Das Glänzen
und Flimmern
ist so stark, daß
man bei einem
solchen Anblick
mitunter schüt-
zend die Hand
vor die geblen-
deten Augen
halten muß.

Winterliches
Handwerkszeug
für den Jäger:
Hasenquäke und
Mausepfeifchen.

zeit im Frühling und Sommer und während der
Mast und Ernte im Herbst genügend Fettreser-
ven gebildet werden, um hiermit die äsungsarme
kalte Jahreszeit zu überstehen. Auch gute Kondi-
tion und viel Ruhe, also sparsamer Energiever-
brauch, sind für das Wild nötig. Beunruhigun-
gen führen zu höherem Nahrungsbedarf.
Sind die Nächte hell und klar, und beherrscht
man die Hasenquäke oder den Mausepfiff, können sie hohe jagdliche Freuden auf den roten
Freibeuter bescheren. Die Mäuse sind dann unter
dem hohen Schnee verborgen oder kommen
wegen des Frostes nicht zum Vorschein. Meister
Reineke aber leidet jetzt Not und wird mitunter
unvorsichtig, da Ranzzeit ist. Ihm nachzustellen,
bedeutet für den Jäger trotzdem alle seine fünf
Sinne gegen die des Raubwildes einzusetzen.
Um einen Winterfuchs zu erbeuten, braucht man
Geduld, Gespür und Können. Das ist echtes Waidwerk und kaum zu vergleichen mit dem kunst-
losen Schuß auf einen ahnungslos vor dem Bau
spielenden Jungfuchs im Sommer.

EINE VOLLMONDNACHT

Laut Kalender war bereits vor vier oder fünf Tagen Vollmond. Nun ist der Erdtrabant schon lange nicht mehr kreisrund und erscheint jeden Abend später über der dunklen Kulisse des Waldes. Das Licht reicht aber noch aus für einen Ansitz, und der weiche Schnee lockt zum Pirschen in einer faszinierenden Vollmondnacht Anfang des Jahres.

Behutsam geht die Pirsch durch die glitzernde Helle. Unzählige Flocken funkeln im Schein des Mondes und der Sterne, reflektieren deren Schimmer.

Schneeübergossen liegt das Feld im nächtlichen Licht. Die hohen Bäume am Rande, bis in die Zweige hinauf reifübersponnen, stehen wie Silbersäulen. Feingliedrig, wie glitzerndes Filigran, heben sich die Äste gegen den hellen Himmel ab. Ein Märchenwald kann keine beeindruckendere Stimmung hervorzaubern als Schnee und Eis.

Der Nachtwind schläft. Kein Laut ringsum im weiten Wald. Erst als nach längerem Verharren die Pirsch weitergeht, klingen die knirschenden Schritte verräterisch in das Schweigen.

Der Wechsel von Licht und Schatten einer eisigen hellen Winternacht ist ergreifend, und die verschiedenen Geräusche erregen des Jägers Ohr: bellende Füchse, rufende Eulen, schreckende Rehe, lachende Käuze. Dazu knacken Zweige, brechen Äste oder murmeln Bäche.

Heute aber schweigt der Wald. Tiefe Ruhe herrscht. Der hohe Schnee schluckt die Laute der Vollmondnacht.Das bleiche Silberlicht wirft matte Strahlenbündel durch die kahlen Bäume und zeichnet verzerrte Schattenrisse dunkel und weich auf die helle Schneefläche.

Da, – dunkle Flecken auf hellem Untergrund! Kein Wild, bestätigt der Blick durch das Fernglas, sondern Fallaub, das die Sauen beim Brechen nach Mast kürzlich zutage gefördert haben.

Und weiter geht die einsame Pirsch, durch Schatten, Dunkelheit und wieder durch den leuchtenden Schein des abnehmenden, aber noch kraftvollen Mondes. Sein helles Licht leuchtet auf den Waldboden, zaubert immer wieder gleißende

Verfemt, verfolgt, verkannt – dabei bietet Reineke uns ungewöhnlich reizvolles, spannendes Waidwerk.

Den nachge-
ahmten Mäuse-
pfiff hat er
vernommen –
nun sind beide
besonders
aufmerksam,
Jäger und
Gejagter.

Flächen und dunkle Schatten voller Kontraste, die Wild vortäuschen.

Die ungewohnte Helligkeit paßt aber nicht zu dem natürlichen Lebensrhythmus des Äsens, Wiederkäuens und Ruhens des Wildes, und selbst Meister Reineke hält sich verborgen.

Nach halbstündigem Marsch kommt der Jäger an eine große Wiesenlandschaft. Sanft und weich fließen die beinahe farblosen und doch so wechselvoll abgetönten Flächen ineinander, werden hie und da übergossen von einem silbrigen Dunst, der die ganze Weite der Wiesen erfüllt. Trotz angestrengtem Starren durch das Glas: Kein Fuchs weit und breit. Hier ist, seit es kürzlich geschneit hat, kein Lebewesen gelaufen. Die Schneedecke ist noch nicht zerstört, wirkt jungfräulich unberührt. Das Pirschen ist lautloser möglich, ist zwar anstrengender, aber noch schöner.

Der Mond hat zwischenzeitlich seine Färbung verändert. Schien er zu Anfang der nächtlichen Pirsch noch rötlich-golden, wirkt er nun silbrig-weiß und noch kälter. Die Geisterstunde ist längst vorüber. Zwar

Neben unvergeßlichen Jagderlebnissen sind es der reife Balg und die Fuchshaken, die den Jäger hinaus in das verschneite Revier locken.

spürt der Jäger die Kälte immer stärker, doch er nimmt die traumhafte Szenerie der vom matten Mondlicht übergossenen Wiesenschlenke in vollen Zügen in sich auf, auch wenn kein Wild zu entdecken ist. Der Erdtrabant steht mittlerweile auf der höchsten Stelle seiner nächtlichen Bahn, das Licht ist noch kräftiger, die Schattenspiele in den Zweigen und Ästen der hohen Bäume und kleinen Büsche sind noch intensiver geworden als zu Beginn der kalten Pirsch.

Da erscheint ein Rudel Rotwild auf der Wiese, viel zu weit, um die einzelnen Stücke sicher anzusprechen, aber nah genug, um sie ausgiebig zu beobachten.

Ab und an schlägt eines der Tiere mit den Läufen den Boden vom Schnee frei, senkt dann langsam das Haupt zur Erde und äst. Kein Laut ist zu vernehmen. Ein friedliches Bild, aber es täuscht. Der

Mit seiner Umgebung verschmelzen, für das Wild fast unsichtbar werden – dabei soll das Schneehemd Hilfe leisten.

Sonnenschein
und die reichli-
che Buchenmast
vom vergange-
nen Herbst
ziehen das Rot-
wild im Winter,
selbst bei gutem
Licht, aus seinen
schützenden
Einständen.

Tod lauert auf das schwache Wild, doch auch das starke leidet in dieser Zeit mitunter bittere Not. Schließlich erreicht der Jäger einen kleinen Bach. Obwohl es in den letzten Nächten stark gefroren hat, konnte der Frost dem eilig dahinfließenden Wasser noch keine Eiskrone aufsetzen. Fast lustig klingt das Murmeln und Plätschern, wie das Raunen unsichtbarer Schneegeister.

Der alte Leitspruch für die Jagd: »Viel laufen – viel sehen, viel sitzen – viel schießen«, gilt auch in hellen Vollmondnächten. Unter einer Erle ist ein idealer Platz, um mit Lampes Angstgeschrei zu versuchen, einen Fuchs heranzulocken. Der Wind steht günstig, denn Reineke wird sich, nicht nur bei dieser Witterung, ungern die Branten naß machen wollen. Der glucksende Bach übertönt die Geräusche, die der Jäger verursacht, vor den feinen Gehören des Gejagten.

Angstvoll schallt nach einer Viertelstunde frostiger Wartezeit – hier beim Verharren am Wasser spürt man die Kälte noch ärger als während der Bewegung – Lampes Todesklage durch das Tal. Wenige Minuten später erscheint ein Fuchs. Gemächlich, ab und zu verhoffend, schnürt er, wie von Geisterhand gezogen, am Grabenrand entlang, den verführerischen Tönen entgegen.

Klar hebt sich der rote Freibeuter gegen die weiße Schneedecke ab, aber noch ist er zu weit für einen sicheren Schuß, zu vorsichtig, um einen Bogen zu schlagen und Wind zu holen, zu mißtrauisch, um einfach den verlockenden Lauten zu folgen.

Unschlüssig ist sein Verhalten, Erfahrung und Vorsicht spricht aus seinem Benehmen. Schließlich aber scheint ihm die Luft doch rein, und einige feine Mäusepfiffe lassen den Schelm sämtliche Scheu vergessen. Zügig schnürt er näher. Der hohe, weiche Schnee läßt den Knall aus dem linken Schrotlauf des Drillings wie in Watte ersticken. Meister Reineke hat den Schuß nicht mehr gehört.

Bunte Strecken in weissem Schnee

Ein Tag wie selten lockt hinaus in die Natur. Es wäre eine Sünde, sprich vor dem lieben Gott nicht zu verantworten, bei diesem herrlichen Sonnen- und Schneetag im Büro zu hocken.

Eine klassische Neue wartet. Auf eine ältere Decke ist neuer Schnee gefallen und hat das Land buchstäblich verzaubert.

Die Blicke wandern immer wieder fort, weg von den Manuskripten und hinaus aus dem Fenster des Büros. Der Jäger schließt die Augen, und plötzlich fliegen auch seine Gedanken hinaus in den tiefverschneiten Wald.

Laut jubelndes Hundegekeif erklingt.

Sauen brechen aus der schneeverhangenen Dickung, an deren Rand seine Blicke wie gebannt geklebt hatten. In rasender Flucht überquert die Rotte den breiten Sandweg.

Die Büchse fliegt vor die Schulter, im Zielfernrohr erscheint klar und deutlich einer der Frischlinge und als der Zielstachel den Kujel erfaßt hat, bricht auch schon der Schuß.

Im Knall reißt es den Frosch zusammen. Zwei, drei mühsame Fluchten, der weiße Schnee zeichnet eine kurze rote Schweißspur, und der Frischling ist verendet.

Vorwärts drängt der Hund, aber Disziplin ist Disziplin, auch der vierläufige Freund muß warten, bis abgeblasen wird.

Schließlich klingt es fast feierlich durch den Wald: »Haaahn in Ruh«, und noch einmal: »Haaahn in Ruh!«

Das Klingeln des Telefons holt den Jäger in die Wirklichkeit zurück.

Ein kurzer versonnener Blick auf all die Papiere, und nachdem der Anruf beendet ist, hält ihn nichts mehr in seinem verqualmten Büro. Sein Hund denkt anscheinend ähnlich. Auch er hat es satt, findet es wenig spannend, immer nur Herrchen hinter dem Schreibtisch zu beobachten.

Hoch stiebt der weiche Pulverschnee, als der Hund in übermütigen Sprüngen vor dem Jäger dahintollt. Der Spatzenschwarm, der im Vogelhaus geruhsam nach Körnern pickte, nimmt laut tschilpend Reißaus.

Rauhreif umhüllt die Grashalme, daß sie sich unter der Last zu Boden biegen, und alles funkelt und flimmert in gleißendem Licht.

Zweibeiner und Vierläufer wandern zu dem kleinen Heidefluß, an dessen Ufer sich unter tiefhängenden Weidenzweigen oft Stockenten drücken, und beide hoffen, einen farbenprächtigen Erpel zu erbeuten.

Da steht der Hund nach ausgelassener Suche an verdorrtem Brombeergerank bombenfest vor. Früher gab es hier Fasanen und Karnickel, aber mit den Jahren sind diese beiden Wildarten völlig verschwunden.

Mehr instinktiv als hoffend, bewegt sich der Jäger auf seinen Hund zu. Kaum will er glauben,

Drückjagdtraum – Hundegeläut, stäubender Schnee, und dann brechen Sauen aus der Dickung...

Die Idylle
täuscht. Winter-
zeit ist Notzeit.
Besonders
Schwarzwild hat
es bei starkem
Frost und hoher
Schneelage
schwer, an Fraß
zu gelangen.

daß hier Wild liegt, da springt ein Hase in aufstäubender Schneewolke davon. Laut jiffend folgt die Hündin. Der zweite Schuß läßt Meister Lampe rollieren, und fast prüfungsmäßig wird er apportiert. Ein vielversprechender Anfang.

Nachdem die Beute ausgedrückt, geheßt und über einen Zaunpfahl gehängt

Ein sicherer Schuß, eine gute Arbeit des Hundes, und Jagd wird zur Perfektion.

ist, ziehen die beiden fröhlich weiter, allerdings ist die passionierte Hündin nun angeleint. Vorsichtig kriechen sie geduckt auf das Weidengestrüpp zu. Auch die Hündin weiß, worum es geht. Gespannt schleicht sie neben dem Jäger her, aber kein Breitschnabel geht vor den beiden hoch. Die Enten liegen an einer anderen Stelle des träge dahinfließenden Flusses. Pech!

Porzellanpuppengleich gaukelt ein Flug Schwanzmeisen durch die bereiften Zweige der Weiden. Kopfunter, kopfüber hängen die kleinen Vögel im Geäst, wippen und pendeln an eisigen Ästen und halten dabei erstaunlich Balance mit ihren langen Schwänzchen. »Pfannenstielchen« nennt der Volksmund die kleinen Vögel wegen ihrer charakteristischen Gestalt.

Mit dem Glas wird das vereiste Ufer abgeleuchtet. Wenige hundert Meter stromauf liegt die bunte Schar der Breitschnäbel. Einige schaukeln auf dem Wasser unter dem Eis der Böschung, mehrere sitzen auf dem Land im Schnee.

Im Schutz einer kleinen Fichtenschonung können sich die beiden Jäger, ohne von den Enten bemerkt zu werden, den Vögeln mühelos nähern, zumal die weiße Pracht des weichen Pulverschnees fast alle Geräusche verschluckt.

Auf knapp zwanzig Gänge sind Hund und Herr bereits an den Fluß herangeschlichen, da erklingt warnendes Gepaake und gleich darauf erschrecktes Schwingenschlagen. Rauschend erhebt sich der Schoof.

Schon saust der Schaft der Flinte vor die Schulter, und im ersten Schuß kippt ein Erpel in das träge dahinfließende Wasser. Gebannt guckt die Hündin auf den zwischen Eisschollen dahintreibenden Vogel. Nach kurzem Befehl springt sie in das eiskalte Wasser und bringt ihre Beute.

Kurzes Lob, und während der farbenprächtige Vogel an den Rucksack gehängt wird, schüttelt sich der Hund das Wasser aus seinem dichten Pelz, daß es spritzt und sich der Schnee um ihn herum verdunkelt. Dann rast er ausgelassen den Fluß auf und ab, die Freiheit genießend, und tobt sich trocken und warm.

Auf einem der Koppelpfähle fußt ein Mäusebussard und beobachtet das Treiben der zwei. Er ist fast schneeweiß. Wahrscheinlich ein Gast aus Skandinavien, den die winterliche Not aus dem hohen Norden hierher getrieben hat.

Auf dem Rückweg erblickt der Jäger einen jungen Bock. Hoch prahlt sein Bastgehörn, und vertraut äst er an den Brombeeren, aus denen sich vor kaum einer Stunde der Hase in Sicherheit bringen wollte, als gäbe es auf der ganzen Welt keine Flinten.

Zufrieden packt der Jäger den Krummen, steckt auch ihn in den Rucksack und stapft weiter. Früher konnte man mit etwas Glück am Rande des Parks noch einen farbenprächtigen Fasanenhahn erbeuten, aber heute sucht die Hündin vergeblich im Dornengerank. Plötzlich streichen Tauben aus den vereisten Ästen der alten Eichen über das Feld, und auf einen der Nachzügler kommt der Jäger dann doch noch zu Schuß. Während der graue Flieger zu Boden trudelt, hat der Hund ihn bereits gesehen, stürmt auf ihn zu und bringt ihn mit wedelnder Fahne seinem Herrn. Nachdem der Hund abermals gelobt, das Gefieder der Taube glattgestrichen und auch sie an den Rucksack gehängt ist, geht der bewaffnete Spaziergang durch die wunderschöne Schneelandschaft weiter.

Die Natur wirkt sauber und friedlich. Die Sonne scheint vom fast wolkenlosen Himmel. Das tiefe Einatmen der klaren Luft tut gut, während der Hund auf der dichten flimmernden Schneedecke wie in einem offenen Buch zu lesen versucht, was sich in der vergangenen Nacht im Revier getan hat. Beide freuen sich an allerlei Fährten, Spuren und Geläufen und besonders an ihrer bescheidenen, aber bunten Beute.

Fast einem fliegenden Edelstein gleich: Ein Stockerpel in seinem farbenprächtigen Gefieder.

PIRSCH DURCH DEN FEBRUAR

Die Sonne blinzelt nur schwach, aber der Schnee läßt die Welt immer noch hell und froh erscheinen.

»An Lichtmeß, dem 2. Februar, entscheidet sich der Winter«, sagt eine alte Wetterregel. Es soll wohl heißen, daß das Wetter, das an diesem Tage herrscht, sich noch einige Zeit halten wird. An wärmeren Tagen ziehen manchmal schon vereinzelt Wildgänse aus dem Süden Richtung Ost und Nordost, täuschen mit ihren heiseren Schreien Frühlingsahnen vor, aber noch wütet der Winter.

Auch wenn die meisten Wildarten nun Schonzeit haben, ist die Anwesenheit des Jägers im Revier gefragt und nicht nur aus Gründen der Hege und des Wildschutzes notwendig. Nur dort, wo noch reichlich Beerengerank und Heidekraut steht oder wo der Herbst gute Eichel- und Bucheckernmast beschert hat, herrscht jetzt keine Not.

Die Bildung von Geweih und Gehörn beim männlichen Schalenwild und die Entwicklung der Embryos beim weiblichen Wild brauchen Substanz. Die jagdlich so aktive Zeit neigt sich mit dem Ausgang des Januar dem Ende zu. Der Abschuß des weiblichen Wildes sollte inzwischen endgültig erfüllt sein.

Auf den Reviergängen läßt man sich tunlichst nur von einem größeren Jagdhund begleiten, der Dackel bleibt zu Hause in der warmen Stube. Der Schnee ist oft noch zu hoch für den kleinen Kerl; der Marsch wäre zu anstrengend, zumal der Rucksack mit allerlei Leckerbissen für das Wild gefüllt ist: Eicheln, Kastanien, Kartoffeln, Rüben oder Maiskolben. Noch weiß man aber nicht, wie lange die Notzeit für das Wild dauern wird, noch muß äußerst sparsam mit den guten Gaben der Natur hausgehalten werden.

Auf den Wildäckern ist die Lupinensaat längst abgeäst, der Schlag mit den frostraschelnden, braunen Topinamburstengeln recht durchsichtig geworden, aber die gelben Fahnen der geknickten Maisstauden wehen verheißungsvoll – eine kleine Oase für das Wild in einer ausgeräumten Landschaft, die nur von großen Optimisten noch als intakte Natur bezeichnet werden kann.

Im Februar, während des Stoffwechseltiefs des Wildes, wird nur noch in Ausnahmefällen mit Büchse und Flinte gejagt. Stattdessen beginnt eine andere, eine ganz besondere Jagd, nämlich die nach Abwurfstangen.

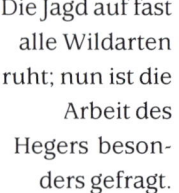

Die Jagd auf fast alle Wildarten ruht; nun ist die Arbeit des Hegers besonders gefragt.

Das Schieben
der Gehörne
beansprucht
viel Energie, aber
bereits jetzt las-
sen sie Rück-
schlüsse über
den allgemeinen
Zustand
der Rehböcke im
Revier zu.

Nicht umsonst wurde der zweite Monat im Jahr früher »Hornung« genannt, eben weil der Rothirsch nun seine »Hörner« verliert. Wie unzutreffend ist der Ausdruck »jagdlose Zeit«: Ein wirklicher Jäger ist das ganze Jahr hindurch im Revier beschäftigt, auch in der sogenannten »stillen Zeit«.

Schwere Geweihstangen fallen meistens in kurzen zeitlichen Abständen oder sogar zur gleichen Zeit, jüngere Hirsche beobachtet man hingegen manchmal mehrere Tage lang mit nur einer Stange. Sind es die alten Hirsche, die im Februar abwerfen, lassen sich die Jünglinge mitunter bis in den April hinein Zeit damit.

Wenn der »König der Wälder« seinen Kopfschmuck verliert, beginnt der Rehbock ab Mitte Februar bereits sein Gehörn zu fegen.

Man kann nun gut beobachten: Alte Böcke meist zuerst, es folgen die jüngeren, wohingegen die Jährlingsböcke manchmal erst im »Hornung« beginnen, ihr zweites Gehörn zu schieben.

So ist der Februar ein Monat des Lesens im großen Buch der Natur: Liegt noch Schnee, so sind es Spuren, Fährten und Geläufe, die dem Jäger Aufschluß geben über sein Wild und sein Revier. Er muß die Zeichen nur zu deuten wissen und mit offenen Augen durch Feld und Wald streifen.

Reineke ranzt auch im zweiten Monat des Jahres noch. Seine Prantenabdrücke, einer genau vor den anderen gesetzt, ziehen sich wie eine Perlenschnur durchs Feld. Daher auch der Begriff »schnüren« für den Lauf des roten Freibeuters.

Zahllose Hasenspuren täuschen im Februar oft vor, es gäbe noch eine Unzahl von Krummen im Revier. Leider aber ist das in vielen Gegenden nicht mehr der Fall; die Zeiten der guten Niederwildbesätze, hoher Strecken und reicher Jagdfreuden sind in Deutschland selten geworden, besonders auch bei Hasen.

Mümmelmann ist in hellen Nächten jedoch sehr aktiv und legt in den Nachtstunden mitunter

Frühlings-
erwachen:
Schnee-
glöckchen
läuten das
Frühjahr ein...

... und
Primeln zeugen
in frohen
Farben von dem
nahenden Ende
des Winters.

viele Kilometer zurück. Dadurch vermittelt er dem unbefangenen Jäger den Eindruck, Meister Lampe sei noch zahlreich vorhanden.

Rehfährten dagegen findet man im Februar normalerweise nicht so häufig wie in anderen Monaten. Der Lebensrhythmus des Rehwildes ist stark von der Länge der Tage, dem Nahrungsangebot und der Lichtintensität bzw. dem Sonnenschein abhängig.

Entfallen in der Regel täglich je sieben Stunden auf die Äsungsaufnahme, das Wiederkäuen und das Ruhen und zwei bis drei Stunden auf den Schlaf, verschiebt sich in den kalten, licht- und äsungsarmen Jahreszeiten dieser Tagesrhythmus. Das Wild ist weniger auf den Läufen, um Energie zu sparen.

Alte Böcke haben bereits ihr Gehörn gefegt, die Rammelzeit von Feldhase sowie Wildkaninchen beginnt und dauert bis in den September hinein. Hier und dort ruckst zaghaft der erste Ringeltauber.

Es kommen aber immer wieder Tage von trüber Nässe, Kälte und grauem Dunkel, und wenn die Sonne am 19./20. Februar vom Wassermann zu den Fischen wandert, machen die beiden Sternbilder ihren Namen oft noch einmal große Ehre.

Erst wenn es dann allmählich wieder etwas freundlicher wird, wenn die Weiden ihre flaumig weichen, vorerst noch ganz kleinen Kätzchen zeigen, Gänseblümchen das eintönige Grün der Wiesen durchbrechen, Schneeglöckchen und Primeln vorsichtig die Gartenbeete zu säumen beginnen und Krokusse den Rasen verzaubern, wenn sich Amsel, Rotkehlchen, Heckenbraunelle und Zaunkönig wieder regelmäßiger melden, dann neigt sich der Februar seinem Ende zu.

Und wenn dann sogar manchmal schon ein erster Hauch von Grün auf dem Land liegt, der Waldkauz sein nächtliches, für manche Menschen schauerlich klingendes Lied erschallen läßt, dann nähert sich die Sterbestunde des Winters endgültig, und damit kommt auch das Ende der Notzeit für das Rehwild.

Beide Marderarten haben in Deutschland von Mitte Oktober bis Ende Februar Jagdzeit, und zwischen Dezember und Februar liefert ihr feinhaariger Balg das beste Pelzwerk. Das Ausneuen eines Marders fordert mitunter jagdliches Können und jagdliches Wissen in ganz besonderem Maße.

Noch hört man
außer dem
perlenden Lied
des Rotkehl-
chens kaum
einen anderen
Vogel singen,
aber schon bald
sind Wald und
Flur wieder
erfüllt von dem
Konzert unserer
gefiederten
Freunde.

GELB- UND WEISSKEHLCHEN AUF DER SPUR

Ein wohltuender, klarer Wintertag ist es. Die Sonne scheint vom fast wolkenlosen Himmel, und die reine Luft tut gut, nachdem es tags zuvor und wohl auch noch eine halbe Nacht lang geschneit hat.

Keine »klassische Neue« also, kein frischer Schneefall auf eine bereits vorhandene Schneedecke, sondern nach vielen Wochen das erste Mal, daß wieder Schnee gerieselt ist. Bei dieser Witterung ist das Wild auf den Läufen. Die Landschaft wirkt sauber und friedlich, und es ist ein besonderes Gefühl, auf Wegen zu gehen, die vorher scheinbar noch niemand betreten hat.

Der Zauber des Winters gaukelt dem Menschen eine heile Natur vor, eine Natur, die es kaum noch gibt. Trotzdem bringen diese Illusionen weder die zarten Pastelltöne des Frühlings noch der Herbst mit seinen kräftigen, leuchtenden Farben hervor.

Der fast ständig auf den Erdboden gerichtete Blick läßt den durch die weiße Pracht stapfenden Jäger innehalten: Der typische Paartritt einer Marderspur kreuzt seinen Weg.

Augenblicklich ist der notwendige Kahlwildabschuß vergessen, ebenso die Zeit und auch das wartende Mittagessen.

Seltene Begegnung am Tage: »Gelbkehlchen«, der heimliche, nachtaktive Baummarder.

Der Steinmarder darf
auch im Februar noch
bedenkenlos bejagt werden.

Den Blick nun ständig zu Boden gewandt,
folgt er den charakteristischen, paarweise
nebeneinanderstehenden Tritten im hohen
Pulverschnee.

An einem zugefrorenen Entwässerungsgraben
entlang, dann auf einer gestürzten Fichte ver-
laufend, endet die Spur nach knapp hundert Metern Verfolgung vor einer alten Eiche.

In ihrem kahlen Geäst ist allerdings kein Schlupfwinkel zu erspähen, kein ausgedienter Eich-
hornkobel, kein verwaister Krähenhorst und
auch keine Baumhöhle, die ein Specht hier im
Frühjahr für sein Brutgeschäft angelegt hat. Wo
hält sich der Marder verborgen?

Stamm für Stamm werden die hohen Wip
fel der benachbarten Bäume mit dem
Fernglas abgeleuchtet. Erfolglos. Es bleibt
nur, den alten Baumveteranen in immer
größeren Bögen zu umkreisen. Nach wohl zwanzig Metern steht der ersehnte Paartritt endlich
wieder im Schnee auf der Erde. Gelbkehlchen
hatte seinen Paß auf dem Waldboden dem durch
die hohen Baumkronen vorgezogen. Und schon
geht die Verfolgung weiter.

Die Sonne meint es
gut. Der Schnee flimmert, daß
man manchmal geblendet die Augen zusam-
menkneifen muß und trotz der Minusgrade beträchtlich ins Schwitzen kommt.

Einmal sind es abstreichende Tauben,
die den Jäger erschreckt zusammenfahren lassen, ein anderes Mal folgt er
unkonzentriert siebzig, achtzig Meter
einer Hasenspur. Bevor er seinen Irrtum bemerkt und zu der Marderspur zurückfindet, ist
ihm schon mancher Tropfen Schweiß über die
Stirn gelaufen.

Die Zweige bücken sich unter der schweren,
weißen Last. Die an Stärke und Wärme zuneh-
mende Sonne läßt vereinzelt Schnee, der auf
den Ästen der hohen Bäume liegt, in dicken
Klumpen zu Boden fallen. Bei diesen Geräuschen

Weiß in weiß.
Wäre das Her-
melin, oder auch
Großwiesel ge-
nannt, nicht fast
ununterbrochen
in Bewegung,
man würde den
eleganten Jäger
wegen seiner
perfekten Tarn-
farbe kaum
wahrnehmen.

hält der Verfolger kurz ein, doch unbeirrt folgt er der Spur.

Dann ist der Marder erneut ins Geäst gestiegen. Trotzdem läßt sich auf der frischen, unberührten Schneedecke am Boden verhältnismäßig leicht verfolgen, welche Richtung das Wild gewählt hat: Dünne abgebrochene Zweige, Rindenstückchen, abgestoßene Moosteile und winzige Schneeklumpen zeigen auf dem Boden den Weg, den Gelbkehlchen hoch oben in den Wipfeln der Kiefern genommen hat.

Schließlich enden all diese Zeichen vor einer ganz besonders starken Kiefer. Hier hat der Marder einen verlassenen Bussardhorst als Schlupfwinkel gefunden, um den Tag zu verbringen.

Den Drilling in Anschlag, tritt der Jäger mit aller Macht gegen den dicken Stamm. Und dann springt ein langes, braunes Etwas aus dem Nest in die Krone des benachbarten Baumes, wo es, geblendet durch das gleißende Licht der Sonne, in einer Astgabel kurz verhält.

Die Mündungen von drei Läufen hatten es verfolgt, und der laute Knall eines Schrotschus-

An Gewässerrändern findet man manchmal noch die Spur des Iltisses...

ses bricht den Frieden, der bis dahin im Wald herrschte.

Abgeschossene Borkenstücke und Zweige rieseln aus der Höhe. Dazwischen stürzt Gelbkehlchen herab und versinkt verendet im Schnee.

Das Herz des Waidmannes klopft bis zum Hals. Unter seiner Hutkrempe bilden sich Schweißtropfen, rinnen über die Stirn und ins Gesicht. Kein Lüftchen regt sich. Es ist wieder still wie in einer Kirche.

Dann zirpt es leise. Ein Schwarm Meisen schwirrt heran und turnt in den Zweigen einer Buche, wo einige vertrocknete, braune Blätter an den lange zurückliegenden Herbst erinnern. Ein aufgeregter Zaunkönig hüpft im verschneiten Reisighaufen so lebhaft umher, daß der Schnee in kleinen Wolken von den Ästen stäubt.

Schon liegt wieder Frieden über dem Wald. Die Luft ist klar, rein und würzig, als der Jäger sie tief einatmet, seine Beute aus dem tiefen Schnee hebt, den Balg glattstreicht und mit seinen Blicken den gelben Brustlatz, die buschige Lunte und die breiten Branten liebkost.

Raubwildjagd ist mit der Falle wohl meist erfolgreicher, mit Drilling oder Flinte aber weitaus spannender, stimmungsvoller, anstrengender und somit – unvergeßlicher!

...aber natürliche Feuchtbiotope werden bei uns immer seltener. Leider nehmen mit ihnen auch die Besätze der »Stinkmarder« ab.

MARDER, ANPASSUNGSFÄHIG...

In alten Ausgaben von Brehms Tierleben ist über den Steinmarder nachzulesen, daß er »würgt mit einer Mordlust und Grausamkeit ohne Gleichen«.

Zwar zählt er zum Raubwild, doch sein Fraß besteht durchaus nicht nur aus tierischer Kost. Im Gegenteil: Er liebt Waldbeeren und Ebereschen, Kirschen und Pflaumen, so daß die kleinfingerdicke, zugespitzte, stark nach Moschus riechende Losung, die man mitunter auf Waldwegen findet, in der Beerenzeit braun, fast rötlich erscheint.

Auch Eier schätzen Marder außerordentlich, und das wiederum macht sich der Fallensteller im Winter zunutze, hat er kein Backobst zur Hand.

Der Baum- oder Edelmarder ist ein besserer Kletterer als der Steinmarder und weitaus seltener. Gelbkehlchen bewohnt die Wälder und schlägt sein Tagesquartier gewöhnlich in hohlen Bäumen, in Eichhornkobeln oder geeigneten Vogelnestern, mitunter sogar in verlassenen Fuchsbauten auf.

Wahrscheinlich, weil er in der Ranzzeit in Ermangelung von seinesgleichen ein Auge auf die weißhalsige Tochter seines weniger edlen Vetters wirft, sieht man ihn auch in der Nähe von Scheunen, Schuppen oder menschlichen Wohnungen. Noch ist wissenschaftlich jedoch nicht erwiesen, ob sich Gelb- und Weißkehlchen untereinander paaren oder nicht.

Der Haus- oder Steinmarder dagegen bewohnt meistens Dörfer und Städte, verschmäht es aber nicht, sich auch im Wald aufzuhalten. Mancher Jäger war schon mal enttäuscht, wenn er statt des begehrten Baummarders einen weniger wertvollen weißkehligen Balgträger aus der Falle nahm.

...UND MITUNTER AUFDRINGLICH

Viele Menschen haben noch nie in ihrem Leben einen Marder gesehen und glauben daher, dieses kleine Raubwild wäre selten. Dabei kommen sowohl Baum- als auch Steinmarder bei uns noch recht häufig vor, allerdings sind beide Arten nachtaktiv, und man bekommt sie daher nicht sehr oft zu Gesicht.

Würde sich der Steinmarder nicht immer häufiger an »des Deutschen liebstem Kind«, dem Auto, vergreifen, wäre er wohl immer noch das (fast) unbekannte, heimliche Wesen, als das er in der Vergangenheit galt.

Besonders Steinmarder, nicht ganz zu Unrecht auch »Hausmarder« genannt, machen jedoch zunehmend auf sich aufmerksam.

Als anpassungsfähige Kulturfolger nisten sie sich gern auf Dachböden ein und treiben dort nachts als unruhige Poltergeister so lautstark ihr Unwesen, daß die menschlichen Bewohner des Hauses kein Auge zubekommen. Um die ungebetenen Untermieter wieder loszuwerden, muß man sich der Mühe unterziehen, ihre gewohnte Umgebung völlig zu verändern. Sämtliche Gegenstände, Kisten, Kästen oder Möbel auf dem Boden müssen täglich umgestellt werden. Außerdem ist es ratsam, an verschiedenen Stellen Maschendraht zu spannen, der den Marder in seinem freien Lauf behindert. Dazu empfiehlt es sich, automatische Weckuhren zu unregelmäßigen Tageszeiten Alarm schlagen zu lassen, um Weißkehlchen aus seinem Schlaf zu reißen. Gerade metallische, laute Geräusche schätzen Marder nicht. Sie werden sich schon bald nicht mehr heimisch auf dem Dachboden fühlen und den ungemütlich gewordenen Schlupfwinkel verlassen.

Auch vor großen Städten graust es dem Anpassungskünstler Marder kaum noch. »Automarder«, früher nur als Zweibeiner bekannt, gibt es heute auch vierläufig. Der Duft oder der Geschmack von Plastikleitungen und Kunststoffverkleidungen scheinen Marder nämlich zu faszinieren, förmlich anzuziehen. Mitunter verlieren sie all ihre Scheu und machen auch vor mit Kautschuk umhüllten Elektrokabeln in Autos nicht halt. Und hat ein Marder erst einmal seine Duftmarke an das Fahrzeug gesetzt, so betrachtet er es als seinen Besitz, ganz gleich, wann und wo es geparkt wird. Geschädigte wissen es längst: Marder finden sogar Einlaß in eine verschlossene Garage.

Ein Dorado für den anpassungsfähigen Stein- oder Hausmarder.

Der Steinmarder bewohnt meistens Dörfer und sogar Städte, verschmäht es aber nicht, sich auch im Walde aufzuhalten.

HEGEJAGD IM HORNUNG

Die Dichte der Beute bestimmt in unseren Breiten jene des Raubwildes, und ein Jäger, der glaubt, er habe kein Raubwild in seinem Revier, der irrt.

In Gegenden mit geringem Niederwildbesatz wird man nämlich wenig Raubtiere finden, wohingegen intensive Raubwildbejagung fast immer eine Stabilisierung der Niederwildbejagung zur Folge hat.

Um ausgewogene und gesunde Niederwildbesätze heranzuhegen, muß daher dem Raubwild nachgestellt werden, und ein erprobtes und ein wirksames Mittel hierfür ist die Falle. Sie »arbeitet« bei jeder Witterung, Tag und Nacht.

Der Jäger, der nur Friedwild bejagt, treibt Raubbau an der Natur, denn das Verhältnis zwischen Raub- und Niederwild ist in vielen unserer Revieren gestört.

»Von hundert Stunden Jagd fünfzig auf Friedwild und fünfzig auf Raubwild, das ist gerecht«, sagten unsere Vorväter.

Die Fangjagd, eine der ältesten Jagdarten der Menschheit, ist für den Könner nicht nur sehr ergiebig, sondern gleichermaßen reizvoll. Auf den Jäger, der sein Handwerk mit der Falle beherrscht, warten bei der zeitaufwendigen täglichen Kontrolle ähnlich spannende Augenblicke, wie sie

Der Balg des Hermelins, so weiß wie Schnee, wurde einst für die Roben der Könige auserwählt.

einem Angler beschert werden. Immer wieder die gleichen Fragen: Hat sich etwas gefangen? Und dann: Was hat sich gefangen?

Nur sorgfältige Beobachtung und ein »Sichhineindenken« in die Natur und die Lebensgewohnheiten des Raubwildes bringen nämlich den erhofften Erfolg.

Leider ist die Fangjagd heute durch Unkenntnis und den Mißbrauch mancher Fanggeräte in Verruf geraten; jede Falle ist nun einmal nur so gut (oder so schlecht) wie derjenige, der sie stellt. Und schließlich schreibt der Gesetzgeber vor, daß nur solche Fallen verwendet werden dürfen, die unversehrt oder sofort tötend fangen.

Die eigentlichen Vorbereitungen für eine erfolgreiche Fangsaison beginnen bereits im Herbst mit dem Anködern des Raubwildes. Eier, Obst, Gescheide und vieles andere, regelmäßig ausgelegt, lockt die kleinen Räuber nämlich immer wieder zu den Stellen, wo dann auch später, wenn die Bälge reif sind, mit Bedacht die Fallen eingebaut werden.

Raubwild ist vorsichtig und scheut Veränderungen am gewohnten Paß. Je natürlicher und unauffälliger die Fangvorrichtung angebracht ist, desto größer ist der Erfolg. Mit dem Februar endet dann die Fallenjagd; denn auch alles Raubwild sollte eine Schonzeit genießen, muß waidgerecht bejagt und darf niemals bekämpft werden.

Während in alten Jagdklassikern die Fangjagd breiten Raum einnimmt, findet man in neueren Büchern nur verhältnismäßig wenig über die Vielzahl der Fangmethoden. Trotzdem hat die Jagd mit der Falle durch geschulte und erfahrene Jäger auch heute noch durchaus ihre Berechtigung.

Noch ist es verfrüht, auf »Zackelsuche« zu gehen. Störungen im Revier sind ganz besonders in der Notzeit zu vermeiden, und längst nicht alle Hirsche haben schon abgeworfen.

DAS WUNDER DER GEWEIHBILDUNG

Das Hirschgeweih gilt seit jeher als Symbol der Jagd überhaupt, und der Deutsche Jagdschutzverband, der Dachverband aller Landesjagdverbände, hat – wohl aus diesem Grund – das Geweih als Emblem, als Markenzeichen für seine Mitglieder gewählt.

Für manche Jäger sind das Geweih eines Hirsches, die Schaufeln eines Elches oder das Gehörn eines Rehbockes höchstes Hegeziel, und mit der Erbeutung einer solchen Trophäe geht ein lebenslanger Traum in Erfüllung. Andere sehen darin lediglich tote Knochen oder Prestigeobjekte.

Wieder andere, die dem Wild in erster Linie wegen des Wildbrets nachstellen, betrachten die Kopfzier als unnötiges Überschußprodukt, eine Laune der Natur. Für den Biologen wiederum ist es ein Indikator, aus dem er manches über den Gesundheitszustand des Wildes oder dessen Alter ablesen kann.

Ihres
Kopfschmuckes
beraubt,
erinnern die
Hirsche in
ihrem Äußeren
nicht mehr an
die »Könige der
Wälder«...

...aber schon
bald schieben
sie wieder aufs
Neue, und die
Kolben lassen
bereits ahnen,
wie das fertige
Geweih aus-
sehen wird.

Aber egal aus welcher Warte man es betrachten mag: Die Bildung eines Geweihs oder Gehörns grenzt an ein Wunder. Sein Wachstum bei den zumeist männlichen Cerviden ist ein Prozeß, der nie zum Stillstand kommt, der sich über das gesamte Jahr, ja über das ganze Leben des Stückes erstreckt, auch wenn der Jäger nicht alle Schritte mit den Augen wahrnehmen kann.

Bei den Rentieren beispielsweise tragen auch die weiblichen Stücke einen Kopfschmuck.

Vieles spielt sich sozusagen im Verborgenen ab, wird durch Hormone, durch festgelegte Erbanlagen, aber auch durch äußere Einflüsse gesteuert.

Während des Wachstums sind die Kolbenstangen mit Bast, einer behaarten, samtweichen Haut, überzogen, in der sich Fett- und Duftdrüsen befinden. Sie unterscheidet sich von der Körperhaut dadurch, daß sie fast ausschließlich Wollhaare trägt, ihr Schweißdrüsen sowie aufrichtende Haarmuskeln allerdings fehlen.

Im Bast und in den von ihm geschützten, noch weichen Kolben sorgen feine Blutgefäße für den Transport von Aufbaustoffen für das wachsende Geweih oder Gehörn. Später, in der zweiten Hälfte der Wachstumsphase, wenn der Kopfschmuck lange hart und gefegt ist, zeichnen sie sich durch geringfügige oberflächliche Wucherungen noch als Rillen und Furchen, als die Perlung, ab.

Ein weiteres Phänomen: Die Länge der Tage, beziehungsweise der Nächte beeinflußt Anfang und Ende des Geweihzyklus, wohingegen das Wetter, das beispielsweise für das Wachstum der Pflanzen große Bedeutung hat, für das Schieben des Kopfschmuckes keine Rolle spielt.

Bewundernswert ist ebenso, daß zwar Gewicht und Endenzahl im Normalfall in den ersten zehn bis zwölf Jahren des Geweihzyklus zunehmen, aber andere Merkmale wie Auslage, Form und Anlage der Enden ein jährliches Wiedererkennen der Hirsche ermöglichen.

Normalerweise ist das Geweihwachstum bei den Rothirschen im Juni oder spätestens Anfang Juli abgeschlossen und Ende des Monats dann bis in die letzten Spitzen knochenhart.

Ist das Geweih fertig ausgebildet und verknöchert, trocknet auch der Bast und wird dann gefegt. Die braune Farbe erlangen die Stangen lediglich in den ersten Stunden oder Tagen durch ständiges Reiben an grünen, Gerbsäure enthaltenden Stämmen und Zweigen. Einmal völlig ausgetrocknet, färbt sich das Geweih auch durch noch so stürmisches Fegen nicht mehr dunkler.

Und so ein Hirschgeweih wiegt! Wenn man ein klotziges Stangenpaar, acht bis zehn, manchmal auch zwölf und mehr Kilogramm schwer, in den Händen hält, sollte man bedenken, daß es in jedem Jahr aufs neue gebildet wird.

In der kurzen Zeit von etwa drei Monaten wird eine ungeheure Energie aufgewendet, bei kapitalen Rothirschen kann das Kolbengeweih in 24 Stunden eine Masse von bis zu 150 ml bilden. Es grenzt an ein Wunder, daß solche Knochenmassen entstehen können, ohne daß der Hirsch Schaden an seinem Körper nimmt, denn er beginnt mit dem Schieben oft ja bereits in der Notzeit, wenn die bitter benötigte Äsung noch knapp ist.

Lange haben sich Wildbiologen mit der Frage beschäftigt, warum alte Hirsche normalerweise früher abwerfen als junge, und haben folgendes herausbekommen:

Das Geweihwachstum wird durch eines der wichtigsten männlichen Hormone, das Testosteron, gesteuert. Der Spiegel dieses Hormons im Blut eines Hirsches oder Rehbockes wird durch die Nähe des weiblichen Wildes beeinflußt, ist also während der Brunft sehr hoch und sinkt danach, wenn sich die alten Hirsche vom Kahlwild trennen, rapide ab. Im Februar findet man dann bereits die Abwurfstangen älterer Hirsche.

Junge Geweihträger stehen meist auch nach der Brunft mit den Tieren in einem Rudel, der Testosteronspiegel bleibt somit erhöht, und sie können nicht so zeitig abwerfen wie reife Hirsche, die nach der Brunft die Nähe des Kahlwildes meiden. Weiß man von diesen Zusammenhängen, wird auch klar, warum es bei Verletzungen des Kurzwildbrets zu Perückengehörnen oder -geweihen kommt.

Angesichts der Komplexität der Geweihentwicklung wird so ein wenig klarer, warum unsere Vorväter nicht nur große Hochachtung vor starkem Kopfschmuck des männlichen Wildes hatten, sondern vielleicht auch, warum dieser »Trophäenkult« bis in heutige Zeit (sei es bei manchen Naturvölkern oder bei »zivilisierten« Jägern) eine so große, starke Rolle spielt.

Noch ist nicht viel zu erkennen, aber schon bald wird der Bock mit seinem Bastgehörn prahlen und des Jägers Neugierde wecken.

PIRSCH DURCH DEN MÄRZ

Am 21. März ist Frühlingsanfang. Oft brechen in diesen Tagen zum ersten Mal nach langen düsteren Wochen die noch matten Strahlen der Sonne durch graue Wolkenhüllen, und ziehende Kraniche malen große Keile an den Himmel.

Nach winterlichem Schweigen und zeitweiser jagdlicher Enthaltsamkeit, wenn die Schneeglöckchen den Frühling einläuten und der balzende Ringeltauber den Takt dazu ruft, erwachen die stummen »Statisten« des Frühjahrs endgültig: Zarte Farbtupfer mehren sich von Tag zu Tag, die weißen und blauen Sterne von Anemone und Leberblümchen, die rosaroten, nach Mandeln duftenden Blüten des Seidelbast, silbrige Weidenkätzchen, goldstäubende Haselnußzweige, grüne Knospen und Triebe tönen den vor kurzem noch kahlen Wald.

In den kaum spürbaren, wärmenden Strahlen der noch nicht sehr hoch stehenden Mittagssonne summen die ersten Hummeln, und vereinzelt taumeln schon Schmetterlinge von Grashalm zu Zweig, von Knospe zu Blüte.

In den Kronen der alten Bäume klingt das Zwitschern der Stare, das Duett von Amsel und Singdrossel, und aus schwarzer wie braungefleckter Vogelbrust kommt Antwort. Dazu melden sich Feld- und Haubenlerche, Dompfaff und Hänfling und zum Ende des Monats hin Weidenlaubsänger und Kiebitz zu Wort.

Der Himmel wird von Tag zu Tag blanker. Die Sonne scheint klarer über eine heller werdende Welt voll silbrig-grauer und brauner Töne – herb, schmucklos, zurückhaltend und doch strahlend schön in erwartungsvoller Jugend. Im letzten wärmeren Abendschein ertönt manchmal schon das erste Hummelgesumm, und ein Zitronenfalter gaukelt wie ein lebendig gewordener Sonnenstrahl am Waldweg entlang.

Die gelblichen stäubenden Trottelkätzchen des Haselbusches bieten im beginnenden Frühjahr willkommene Nahrung für Hummel, Biene und Schmetterling.

Selten findet man die leuchtenden Schalenblüten des Leberblümchens mit den zierlichen goldenen Perlenkronen der Staubgefäße in unseren Wäldern.

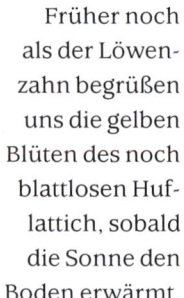

Früher noch als der Löwenzahn begrüßen uns die gelben Blüten des noch blattlosen Huflattich, sobald die Sonne den Boden erwärmt.

Seit mehreren
Tagen ist wieder
das »Schwatzen«
der Stare zu
hören. Er hat
seine Wohnung
bereits gefunden.

Zwischenzeitlich ist der Wurfkessel viel zu klein geworden, und die Frischlinge folgen bereits der Bache: Im Wald mit Freuden vom Forstmann geduldet, in der Feldmark hingegen vom Landwirt mit Argwohn erwartet.

Der März war im römischen Kalender der erste Monat des Jahres und ist der wichtigste Hege-monat in unseren Revieren, denn in vielen Teilen Deutschlands kommt der Winter noch einmal zurück. »Der März ist Hegemonat, weil Hungermonat«, sagt eine alte Jägerweisheit, und in einer Wetterregel heißt es: »Ein nasser März ist der Hasen Schmerz«.

Alle Äsung, die über den Schnee hinausragt, ist zwischenzeitlich vom Wild aufgezehrt. So ist in Revieren ohne nahrhaften Unterwuchs, ohne Heide- oder Beerkraut, ohne Buschdeckung und schützendes Gestrüpp das Niederwild auf die Hilfe des Jägers angewiesen. Vorrangig gilt es, Saftfutter zusammen mit einer geeigneten Mineralstoffmischung zu reichen, um dem Wild die bevorstehende Umstellung auf Grünfutter zu erleichtern. Zudem besteht zu dieser Jahreszeit beim Wild erhöhter Salzbedarf.

Wenn das Wild die Fütterungen nicht mehr benötigt, der Wald erstes Grün und zarte Knospenäsung liefert, nimmt es sie nicht mehr an.

Wird zu früh mit der Fütterung aufgehört, kommt es mitunter zu beträchtlichen Schäl- und Verbißschäden. Mit überlegter Futterauswahl zum rechten Zeitpunkt kann aber die Jagdkasse beträchtlich geschont werden.

Im Muffelrevier werden im März die ersten Lämmer gesetzt, und auch manche Bachen haben bereits gefrischt.

Der Zitronenfalter ist einer der ersten Frühlingsboten unter dem bunten Volk der Schmetterlinge.

Während Iltis und Hermelin jetzt mit der Ranz beginnen und der Dachs aufsteht, wölfen Fuchs, Baum- und Steinmarder nach mehrmonatiger Eiruhe nun ihre Jungen.

Aber auch wenn die ersten warmen Tage darüber hinwegtäuschen, Hasel, Huflattich, Leberblümchen, Seidelbast und Sumpfdotterblume schon blühen, wenn die Stockenten bereits reihen und die Ringeltauben balzen – der Winter kann noch einmal mit Eis und Schnee zurückkehren.

Im März werden für die Hege des weiteren Jahres entscheidende Weichen gestellt:

Die Anlage von Wildäckern und -wiesen muß geplant, Reviereinrichtungen müssen instand gesetzt, Salzlecken beschickt werden.

Außerdem versucht der Waidmann durch intensive Beobachtung das Wild zu erfassen, zu zählen und die Abschußpläne zu erstellen – die letzte Arbeit im zu Ende gehenden Jagdjahr.

Auch »Schmalzmann«, der Dachs, hat nun seine Winterruhe beendet.

DIE »HOHE ZEIT« DER HASEN

Gerade Hasen benötigen den Schutz des Jägers im März ganz besonders, denn in einigen Regionen geht der Hasenbesatz trotz der erstaunlichen Anpassungsfähigkeit der Mümmelmänner bedenklich zurück.

Die Statistik lehrt uns, daß seit einigen Jahren die Rehwildstrecken in Deutschland deutlich höher liegen als die Hasenstrecken! Flurbereinigung, intensive Landwirtschaft, zahllose Störungen und der Straßenverkehr machen Meister Lampe sehr zu schaffen. Dazu kommen noch seine zahlreichen natürlichen Feinde.

> »Menschen, Hunde, Wölfe, Lüchse,
> Katzen, Marder, Wiesel, Füchse,
> Adler, Uhu, Raben, Krähen,
> jeder Habicht, den wir sehen,
> Elstern auch nicht zu vergessen:
> alles, alles will ihn fressen.«

Bereits um 1800 schrieb H. F. von Wildungen dieses bildhafte Gedicht über die Feinde des Feldhasen.

Da Meister Lampe viele Feinde hat, richtete es die Natur so ein, daß seine Vermehrungsrate erstaunlich hoch ist. Nicht umsonst gilt der Hase von alters her als Sinnbild der Fruchtbarkeit.

Schon im Januar beobachtet man auf den dann noch braunen, kargen Äckern oder etwas später in der gerade zu sprießen beginnenden Saat rivalisierende Rammler, die – oft zu ganzen Hochzeitsgesellschaften versammelt – ihrer Angebeteten folgen.

Dabei liefern sie sich, ob Häsin oder Rammler, oft erbitterte Gefechte. Wahrscheinlich müssen sich die ausgeprägten Einzelgänger erst an die unmittelbare Nähe ihrer Artgenossen während der Rammelzeit gewöhnen.

Noch vor wenigen Wochen einzelgängerisch, suchen die Hasen nun, zur Rammelzeit, die Nähe von Artgenossen.

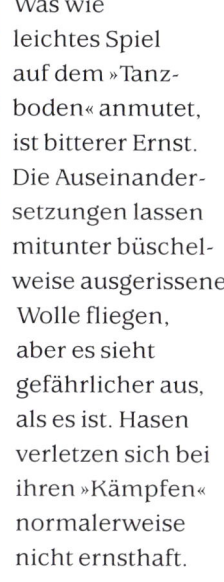

Was wie leichtes Spiel auf dem »Tanzboden« anmutet, ist bitterer Ernst. Die Auseinandersetzungen lassen mitunter büschelweise ausgerissene Wolle fliegen, aber es sieht gefährlicher aus, als es ist. Hasen verletzen sich bei ihren »Kämpfen« normalerweise nicht ernsthaft.

Der Hase galt früher als Symbol der Fruchtbarkeit – so turbulent geht es aber nur während der Rammelzeit im Frühling zu.

Bei diesen Raufereien werden Duftstoffe abgesondert und ausgetauscht, die zum Abbau von Aggressionen führen. Auf den Hinterläufen stehend, teilen die Tiere Schläge und Ohrfeigen aus. Drohgebärden folgen wilden Sprüngen, die zwar für den Beobachter recht drollig aussehen, hinter denen aber bitterer Ernst steckt. Büschelweise fliegt dann die Wolle, und so mancher Galan trägt von den Auseinandersetzungen blutige Schmisse davon.

Die Winterrammelzeit sorgt für den so wertvollen Märzhasen. Auch wenn dieser bei uns im ersten Lebensjahr selten selbst schon setzt, so ist er doch im nassen Herbst aus seinen Kinderkrankheiten herausgewachsen.

»Der Märzhase bringt die Masse«, besagt ein alter Jägerspruch. Die Häsinnen haben nach einer Tragezeit von sechs Wochen bereits Anfang März, manchmal auch noch früher, das vierte Mal im August je ein bis zwei, mitunter drei bis sechs völlig behaarte und sofort sehende, winzige Junge.

Nach sieben Monaten sind die Kleinen bereits fortpflanzungsfähig, und noch während die Häsin trächtig ist, kann sie erneut erfolgreich besprungen werden. In der Wissenschaft wird dieser Vorgang als »Superfoetation« bezeichnet.

Diese Fruchtbarkeit ist nötig, denn fast achtzig Prozent der Junghasen überleben ihren ersten Sommer nicht.

Wie schön wäre es, wenn Jan Mümmelmann in der Geschichte von Hermann Löns mit seiner Prophezeiung recht behielte: Der alte, weise Hasenvater behauptet dort nämlich, daß seine Sippe eines Tages unweigerlich »Herr der Erde« sein werde, »denn sein ist die höchste Fruchtbarkeit und das reinste Herz«.

MÜMMELMANN IST KEIN ANGSTHASE

So geläufig der Begriff »Hasenfuß« in unserer Umgangssprache sein mag, so verkehrt ist er auch. Die Bezeichnung »Angsthase« trifft auf Meister Lampe nicht zu. Allenfalls wenn man dem »Osterhasen« besondere Fähigkeiten und Schläue bescheinigt, würde dieser Ausdruck dem Überlebenskünstler Feldhasen gerecht werden.

Es ist nämlich fast ausschließlich seine Schlauheit und seine Geschicklichkeit, die ihm hilft, zu überleben.

Gegenüber harmlosen Spaziergängern vertraut er so sehr auf seine Tarnfarbe, daß er die Menschen bis auf wenige Meter an sich herankommen läßt und sich bewegungslos in seiner Sasse drückt. Dabei äugt er, hoffend, daß er unentdeckt bleibt, den Ankömmling mit offenen Sehern starr an. (Wahrscheinlich glaubte man deshalb früher, daß Hasen mit »offenen Augen« schlafen.)

Noch vertraut er der Tarnfärbung seines erdfarbenen Balges, aber einen Schritt näher, und Meister Lampe ergreift das Hasenpanier.

Erst wenn man ihm ganz nah auf seinen erdbraunen Balg rückt, ergreift er das »Hasenpanier«, rast davon und schlägt dabei in voller Flucht seine rechtwinkligen Haken, um den eventuellen Verfolger in die Irre zu führen. Meistens gelingt ihm das auch.

Ein einzelner Hund wird deshalb nie oder nur sehr selten einen völlig gesunden Hasen greifen; lediglich viele Hunde sind des Hasen Tod.

Aber nicht allen Gefahren kann Meister Lampe durch seinen schnellen Lauf und sein Hakenschlagen entkommen. Der größte Feind des sympathischen Löffelmannes ist heute wahrscheinlich die Landstraße mit ihrem unerbittlich zunehmenden Autoverkehr. Gegen ihn hilft keine List und kein Hakenschlagen.

ZWISCHEN WINTER UND FRÜHLING

Die großen, grünen Rapsschläge hatten zu Anfang des Monats Hunderte von Ringeltauben angelockt: Manche Flächen schienen mit einem graublauen Teppich bedeckt zu sein, so dicht saßen die riesigen Taubenschwärme auf der Wintersaat.

Je mehr Vögel es sind, desto wachsamer sind sie, und für einen Jäger ist es dann kaum möglich, auf schußgerechte Entfernung an sie heranzukommen.

Mitte des Monats werden die Flüge dann kleiner, Paar um Paar sondert sich ab, um einen heimlichen Brutplatz zu suchen.

Noch lärmen die Kleiber, aber dazu gesellen sich hier und dort schon ein paar musizierende Stare, und die ersten milderen Tage nach dem langen Winter locken zarte Knospen aus den Zweigen der hohen Buchen.

Der Wind spielt und raschelt in den letzten trockenen braunen Blättern des Vorjahres. Noch halten sie sich zwar in den Bäumen, aber es wird nicht mehr lange

Die Balz der graublauen Frühlingskünder mit der weißen Halskrause beginnt.

dauern, dann müssen auch sie dem frischen Grün, neuem Leben weichen. Als einer der ersten Frühlingsboten flötet ein Amselhahn sein Lied, etwas verloren noch, nach den langen, trüben, kalten und kurzen Tagen, aber doch so wohltuend und voller Inbrunst. Dann gleitet er zur Erde, um mit eiligen Sprüngen zwischen den frisch aufgeworfenen Maulwurfshügeln auf Würmersuche zu gehen.

Die Vögel kommen nur noch selten zum Futterhaus, sie finden bereits genügend Kerfe, Würmer, Triebe und Knospen.

Die ersten grünen Pflänzchen sprießen zart, Schneeglöckchen beginnen verschämt, den Rasen unter den Büschen zu verzaubern, und das Konzert der kleinen gefiederten Sänger wird gegen Ende Februar von Tag zu Tag stärker.

Dazwischen klingt immer öfter der hohle, herrische Balzruf des Ringeltaubers aus dem Wald, ein altes und doch ewig neues Lied, dunkel und eintönig. Auf der Spitze der höchsten Fichte im weiten Umkreis hat sich der blaue Frühlingskünder eingeschwungen, aufmerksam in die Runde geäugt, sich geschüttelt, sein Gefieder geordnet und schließlich, während die Taube wenige Meter unter ihm im dichten Gezweig der dichten Baumkrone nur schwer auszumachen ist, mit seiner dunklen Strophe begonnen.

»Ruguugu – ruguu«, schallt es herüber, und geduckt pirscht der Jäger im Schutz der dicken Baumstämme den ihn faszinierenden Ruf an. Vorsichtig, von Baum zu Baum, möglichst jede Deckung ausnutzend, kommt er dem Ziel seiner Wünsche näher. Behutsam setzt er Fuß vor Fuß, wenn die Melodie aus dem Baumwipfel erschallt. Verschweigt der Tauber, steht der Jäger

57

Im noch laub-
losen Buchen-
wald überrascht
die leuchtende
Blüte des kleinen
Seidelbast-
strauches und
zieht allerlei
Insektenvolk an.

mucksmäuschenstill, rührt kein Glied, um sich nicht zu verraten. Da die Bäume noch nicht belaubt sind, muß er besonders behutsam vorgehen, damit er nicht »von oben« eräugt wird. Und je näher er mit jeder neuen Strophe kommt, desto bedachtsamer werden seine Bewegungen. Doch da verstummt der graublaue Vogel mit

dem weißen Halsreif. Das Knacken eines kleinen, trockenen Zweiges unter dem Stiefel des Jägers hat ihn mißtrauisch gemacht.
Der Tauber reckt seinen Hals, mustert seine Umgebung intensiv und äugt dann starr auf den Erdboden. Plötzlich erklingt erschrecktes Flügelschlagen, und mit sirrenden Schwingen klatscht

der Tauber davon. Der Jäger hat im wahrsten Sinne des Wortes das »Nachsehen«. Langsam schleicht er zurück.

Wohl hundert Meter ist er gepirscht, da ertönt wieder das für Taubenjäger so faszinierende »Ruguu-gu-Rugu«. Dunkel, verlockend, hoffnungsvoll klingt das Lied des Sängers im schiefergrauen Frack.

Vorsichtig verbirgt sich der Jäger hinter einer dicken Fichte und beginnt zu »balzen«, versucht sich darin, des Ringeltaubers Lied zu singen. Nur ein Schwarm Stare streicht daraufhin unbeschwert vorüber.

Nach der vierten oder fünften Strophe kommt Antwort, und nach kurzem Wechselgesang erfolgt Schwingenklatschen.

Über die Baumkronen erhebt sich ein Tauber, steigt in elegantem Balzflug fast senkrecht in den Himmel, gleitet zurück zur Erde, steigt erneut in die Höhe, schwebt bewegungslos mehrere Augenblicke in der Luft, fällt dann mit waagerecht gehaltenen Schwingen und gefächertem Stoß zur Erde zurück. In diesem Moment erreichen ihn die Schrote aus der Flinte des vermeintlichen Rivalen. In einer aufstäubenden Federwolke fällt der graue Minnesänger durch die dichten Baumkronen auf das feuchte, letztjährige Laub des weichen, bemoosten Waldbodens.

Der Wind spielt mit einer blaugrauen Flaumfeder, die der Tauber während des Falles zur Erde verloren hat. Scheinbar schwerelos weht sie dahin, während der Jäger seine Beute aufnimmt und ihr das Gefieder glattstreicht.

Länger noch verharrt er auf einem modrigen Baumstumpf, bis der Schnepfenstern am Himmel sichtbar wird und die Dämmerung die Bäume langsam zusammenschmilzt.

Es ist wieder empfindlich kalt geworden, und somit eher eine Spätwinter- als eine Frühlingsbeute, die der Jäger beschwingt, aber leicht fröstelnd in tiefer Dunkelheit nach Hause trägt.

Noch sieht man die balzenden Ringeltauben im kahlen Geäst, aber schon bald verraten nur noch die gurrenden Rufe dem Jäger, wo die hübschen Vögel sitzen.

PIRSCH DURCH DEN APRIL

Die Luft war noch einmal voller Schneeflocken gewesen, und die Kälte hatte die Vögel wiederum gänzlich zum Schweigen gebracht. Aber nun zeigt sich erstes zartes Grün in der Hecke. Auf dem Boden sprießen und blühen Buschwindröschen und Schlüsselblumen, Huflattich und Wiesenschaumkraut in verschwenderischer Fülle.

Später wagen sich die ersten Veilchen schüchtern hervor, und hier und dort sprießen kleine, blaue Leberblümchen, wo der Seidelbast bereits wieder welk wird.

Die ersten Bienen summen herum, suchen fleißig nach Blütenstaub, und unaufhörlich ruft der Kuckuck, der im April aus seinem südlichen Winterquartier zurückkehrt.

ie Goldammer sitzt mit ihrem gelben Gefieder auf dem höchsten Zweig der Weißdornhecke, und ihr Lied ist nicht zu überhören. Sie wiederholt es immer und immer wieder, stets mit der ihr eigenen, besonders gedehnten Schlußnote. »Ein kleines bißchen Mehl und kein Grie-ieß«, hört die Landbevölkerung sie seit Jahrhunderten rufen. Dazu freuen sich Gartenrotschwanz, Fitislaubsänger, Distelfink und Goldhähnchen; in der zweiten Hälfte des Monats stimmen auch noch die Mönchsgrasmücke und der Trauerfliegenschnäpper in das große Orchester mit ein.

Ein Kohlweißling gaukelt vorüber, und durch den blauen Himmel schießt die erste Rauchschwalbe in diesem Jahr. Auch wenn sie allein noch keinen Sommer macht, gilt sie doch als sicherer Frühlingsbote.

Rotkehlchen wie Zaunkönig ticken wieder, Buchfinken schmettern schon seit Wochen. Dazwischen ruft der balzende Ringeltauber seinem Konkurrenten eine dunkle Strophe nach der anderen durch die klare, bereits laue Luft entgegen und läßt das Herz des Jägers höher schlagen.

»Auerhahn des kleinen Mannes« wird in Jägerkreisen der blaugraue Frühlingskünder mit der weißen Halskrause genannt. Auf ihn richtet sich das Augenmerk des Jägers auch noch, wenn das neue Jagdjahr das alte abgelöst hat. Aber nicht mehr lange, denn Mitte des Monats beginnen die Ringeltauben mit der ersten Brut, nach 16 bis 18 Tagen schlüpfen die beiden Jungen, und die Jagd auf Tauben ruht somit.

Auch das andere Flugwild ist nun im April zum Teil mit dem Legen seiner Eier, dem Brüten und

Während die leuchtend gelbe Goldammer auch den Winter bei uns verbringt...

...läßt sich die Mönchsgrasmücke erst jetzt wieder bei uns mit ihrem lauten Gesang vernehmen...

... und das Goldhähnchen, die kleinste Singvogelart unserer Heimat, überwintert nur selten bei uns.

Nun ist die Zeit
herangekommen,
in der man die
»Jagdpapageien«,
wie Hermann Löns
Fasanen bezeich-
nete, bei ihren
wilden Balzkämpfen
beobachtet.
Bei diesen im-
ponierenden
»Hahnenkämpfen«
bleiben die Hennen
unbeteiligte
Zuschauer.

»Quasimodogeniti
– halt, Jäger, halt,
jetzt brüten sie!«,
gilt auch für die
Taubenjagd. Bald
sind die ersten
Jungtauben flügge.

dem Aufziehen der Jungen beschäftigt. Während Auer- und Birkwild Ende April zur Brut rüsten, setzt bei den Fasanen Anfang des »Ostermonds« erst die Balz ein.

Rebhühner haben sich schon lange verpaart, liegen fest auf ihren Nestern, und auch die Waldschnepfe beginnt nun mit dem Brutgeschäft.
Gleich zu Beginn des Jagdjahres wird klar, daß der April für den Jäger zu den arbeitsintensivsten Monaten gehört. Es gilt die Pflanzzeit auszunutzen, ein gutes Bauernjahr ist auch ein gutes Jägerjahr! Wildäcker und -wiesen werden angelegt, gepflügt und gekalkt, Mais und Kartoffeln gelegt, Sommergetreide wird gesät, Topinambur gepflanzt, und somit sind die ersten Wildschäden zu befürchten.

Mit der Zunahme von Insektenlarven auf den Wiesen entstehen durch Schwarzwild, das zu dieser Zeit besonders tierisches Eiweiß schätzt, mitunter erhebliche Schäden.

Beim Rehwild sind die Einstandskämpfe voll entbrannt; junge Böcke, von alten aus ihren Refugien verjagt, werden auf ihrer Flucht vermehrt Opfer des Straßenverkehrs.

Der Landwirt eggt und walzt seine Wiesen und Weiden, und besonders die Junghasen sind durch die Maschinen gefährdet, aber auch die fest auf den Eiern sitzende Rebhenne.

ZWISCHEN BAST UND BLANKEN ENDEN

Der April ist die schönste Zeit für das stille Beobachten des Rehwildes, der Advent in der Jagd auf den roten Bock. Für einen längeren Ansitz ist es immer noch zu kühl, aber die Rehe stehen jetzt in Sprüngen auf der schon grünen Saat und sind dort gut anzusprechen.

Ein Pirschgang bringt Aufschluß darüber, wie hart es der Winter mit dem Wild gemeint hat, und so nutzt der Jäger die länger werdenden Abende zu einem schönen Informationsgang durch sein Revier.

Zumeist sind es überalterte Ricken, die der Haarwechsel jetzt offenbart, aber eine Regel gibt es hier kaum. Denn oft lassen eher Verhaltensweisen als äußere Merkmale auf das Alter schließen. Sind Vergleichsmöglichkeiten vorhanden, so ist es einfach, den Jährling vom alten Bock zu unterscheiden; den zwei- bis vierjährigen oder drei- bis fünfjährigen Bock sicher auf sein Alter anzusprechen, ist aber unmöglich.

Auf der noch braunen Wiese prahlen zwei äsende Böcke mit ihren Bastgehörnen. Der eine ist ein Jährling mit kurzen, unregelmäßig langen Spießen. Fast zart wirkt er gegen den anderen, der bereits ein knuffiges Sechsergehörn geschoben hat.

Die Jugend ist vorwitzig im »Blenden mit Enden«, besonders im Bast. Aber auch der andere Bock mit seinem stark, ja kapital wirkenden Hauptschmuck täuscht den Jäger nicht; er kennt ihn vom letzten Jahr und weiß, daß er höchstens drei Jahre alt ist.

Das neue Jagdjahr hat gerade begonnen: Was wird es bringen?

Während er auf feuchtnassen Wegen weiterpirscht, kommt er zu einer nun nicht mehr beschickten Fütterung, an der sich fünf Rehe niedergetan haben. Wenn es mit dem Geschlechterverhältnis im ganzen Revier so stünde wie hier, wäre der Idealfall erreicht, denkt der Jäger erfreut, nachdem ihm ein Blick durch sein Glas bestätigt hat, daß vor ihm zwei ältere Ricken, ein Schmalreh und zwei Böcke die letzten Sonnenstrahlen des Tages genießen. Der eine hat gefegt und hoch auf, der andere trägt lediglich zwei kleinere Erhebungen vor den Lauschern. Auch im Wildbret wirkt er weitaus schwächer als die restlichen Stücke des Sprunges.

»Gleich zu Beginn der Bockjagd, am 16. Mai, wird dem Kümmerer mit der Büchse nachgestellt«, plant der Jäger für sich.

Das »Zilp-zalp« des kleinen, unscheinbaren Weidenlaubsängers und das Schlagen der Buchfinken sind zu dieser Jahreszeit fast den ganzen Tag über zu hören. Es scheint, als ob die Vögel versuchten, einander an Lautstärke zu übertreffen.

Leise und melancholisch klingt es »Diü - Diü« aus dem hohen Gebüsch: Ein Dompfaff, ein männlicher Gimpel, ist es. Sein

Die zarten, doch lebhaften Farben des Dompfaffmännchens stehen jetzt im Kontrast zur noch kargen Landschaft.

rotes Brustgefieder leuchtet aus der Schlehenhecke, in der er zusammen mit seinem grauen, unscheinbaren Weibchen die ersten schwellenden Knospen abpickt.

Wie hingezaubert sitzt plötzlich ein Hase auf dem Weg. Das Fernglas holt ihn noch näher an den Jäger heran, so daß die großen braunen Lichter und einzelne der langen Barthaare deutlich zu erkennen sind.

Unruhe reißt den Krummen immer wieder aus seinem Gemümmel und läßt ihn zu einem unbeweglichen, aber umso aufmerksameren Kegel erstarren. Das ruhelose Benehmen des Mümmelmanns will so gar nicht zu der friedlichen Stimmung dieses Abends passen, doch da beginnt Meister Lampe mit der »Abendtoilette«. Als erstes gleitet er mit dem Lecker von oben bis unten und umgekehrt wieder und wieder die Vorderläufe entlang. Dann streicht er mit den langen Hinterläufen minutenlang von rückwärts über seine Löffel, bis ihm wohl auch diese trocken genug erscheinen. Nun leckt er die Sohlen der Hinterläufe peinlich genau ab. Die gesamte Maniküre hat gewiß schon mehr als fünf Minuten in Anspruch genommen.

Jetzt beginnt der Hase ausgiebig seine Barthaare zu putzen, spielt, während er erneut einen Kegel macht, mit den Löffeln, schüttelt sich, hoppelt einige Sprünge auf den bewegungslos, wie ein

Zwischen Bast und blanken Enden – in wenigen Tagen ist das Gehörn blank gefegt.

Die tägliche »Morgentoilette« nimmt Mümmelmann sehr genau.

Denkmal stehenden Jäger zu, legt die langen Löffel zurück und verhofft unbeweglich, ebenfalls einer Statue gleich.

Schließlich hüpft er mit einem Riesensprung über den Graben am Wegrand, verschwindet im Unterholz und macht den Weg für Jäger und Hund wieder frei.

Da fällt der Blick des weiterpirschenden Jägers auf eine junge Kiefer, an der ein Bock gefegt hat. Im weiteren Umkreis stehen mehrere Büsche und Bäumchen, und scheinbar ist keiner von ihnen von dem Bock verschont worden. Die Rinde hängt in langen Streifen und dünnen Fasern schlaff von den einzelnen, weiß leuchtenden Stämmchen herunter.

Den zahlreichen Plätz- und Fegestellen nach zu urteilen, wird es ein älterer Bock gewesen sein, der hier seinen Einstand markiert und seiner Wut über einen Rivalen freien Lauf gelassen hat. Auf der Suche nach weiteren Zeichen und auch nach einem günstigen Standort für eine Leiter dringt der Jäger aufgeregt über seine Entdeckung vorsichtig in den Bestand ein.

Nur wenige Meter ist er vorangekommen, da bricht Rotwild vor ihm fort. Die Störung war nicht beabsichtigt, nicht nötig, war gedankenlos. Mit schlechtem Gewissen kehrt der Jäger schnell zurück auf den Weg.

Wie und wo kann man hier einen Pirschpfad anlegen? Wohin wird der Bock morgens und abends und bei welcher Witterung ziehen? Wo verbringt er den Tag? Wie stellt man es am besten an, um ihn möglichst bald in Anblick zu bekommen? Alle diese Fragen heischen nach Antwort.

Tief in Gedanken, macht sich der Jäger auf den Heimweg. Bockjagd ist doch etwas sehr Aufregendes, besonders auch jetzt in der Zeit zwischen Bast und blanken Enden.

Der 16. Mai ist nicht mehr fern, noch aber ist Advent der Jagdzeit auf den roten Bock.

Zeit der
Einstandskämpfe.
Die jüngeren
Rehböcke führen
jetzt kein leichtes
Leben.

MEISTER REINEKE
EIN ÜBERLEBENSKÜNSTLER

Der April ist die Zeit, in der die Füchse wölfen. Nach Ausrottung von Wolf, Bär und Luchs ist Meister Reineke neben dem Dachs das größte Raubtier unserer heimischen Reviere.
Fuchsfähen wölfen nach einer Tragzeit von etwa fünfzig Tagen, meist im April, drei bis acht Welpen.

Füchse sind mancherorts durch die extrem starke Bejagung und die vielen Störungen dämmerungsaktiv oder gar zum reinen Nachtwild geworden, doch obwohl die roten Freibeuter normalerweise das helle Tageslicht scheuen, ist die Fähe im Frühjahr gezwungen, auch am Tage auf Beutefang zu gehen. Die ewig hungrigen Welpen verlangen ununter-

brochen nach Fraß, den sie herbeischaffen muß. Es soll Jäger geben, die diese Not – wohl eher unbedacht als bewußt – ausnutzen und säugende Fähen schießen. Das allerdings hat mit Jagd oder Waidwerk nichts zu tun.
Und trotzdem, obwohl er auf das Stärkste verfolgt wird, findet der rote Schelm immer wieder neue Nischen, andere Möglichkeiten, seine zweibeinigen Verfolger zu täuschen und zu foppen. Seine Vorsicht sowie sein Mißtrauen haben ihn in unzähligen Fabeln, Märchen und Sprichwörtern zum Sinnbild von List und Schlauheit gemacht, und tatsächlich haben ihm seine Vorsicht und seine scharfen, ausgeprägten Sinne das Überleben selbst in von Menschen völlig umgestalteten Lebensräumen ermöglicht. Im

Die ersten wärmenden Sonnnenstrahlen locken die neugierigen Jungfüchse aus dem Bau.

Wenn es darum geht, den ewig hungrigen Nachwuchs satt zu bekommen, zieht die Fuchsfähe auch bei gutem Licht auf Raub aus und mißachtet die Gefahren, die ihr am Tage drohen.

Gegensatz zu vielen anderen Tierarten hat der Rotfuchs sich als »Kulturfolger« bei uns hervorragend den veränderten Lebensbedingungen angepaßt. Sogar in Großstädten findet er sich zurecht und ernährt sich von Müllhalden und aus Abfalleimern. In London soll es mehr Füchse geben als auf der gesamten restlichen Insel!

Seine enorme Anpassungfähigkeit und die ihm von der Natur zugeschriebene Rolle als Gesundheitspolizei, die er vorbildlich erfüllt, haben Meister Reineke bisher in unserer Kultursteppe das Fortleben gesichert. Jegliches Aas, das er in Feld und Wald, heute auch vermehrt an den Straßenrändern, findet, verschlingt er. Dazu ernährt er sich und seine Nachkommenschaft von allerlei Insekten und deren Larven, von Schnecken, Regenwürmern, Mäusen, Ratten und anderen Kleinsäugern, verschmäht aber auch Vögel und deren Eier sowie Frösche nicht. Ab und zu steht auch ein Junghase, ein Kaninchen oder sogar ein krankes Rehkitz auf seinem Speiseplan.

In Maßen sollte man das dem roten Freibeuter auch gönnen, schließlich hat er ältere Rechte auf diese Beute. Seine Art lebt im Gegensatz zum modernen Jäger Mensch seit Tausenden von Jahren davon.

TEUFELSKREIS DER TOLLWUT

Der Fuchs ist Jäger und Gejagter zugleich, obwohl er bei uns keine natürlichen Feinde mehr besitzt.

Trotz intensiver Bejagung steigen in manchen Gegenden Deutschlands die Fuchspopulationen auf Kosten bestimmter Niederwildarten weiter an. Unter dem Druck dieser Übervermehrung hat die Natur neben anderen Regulierungsmechanismen wohlweislich das Notventil »Tollwut« eingesetzt.

Es ist aber ein Trugschluß mancher Jäger zu glauben, mit der Erbeutung jedes Fuchses einen ernsthaften Beitrag zur Verminderung des Besatzes und somit auch zur Einschränkung dieser Seuche zu leisten.

Da erwachsene Füchse territorial leben, dulden alte Rüden zwar Fähen, aber keine Rivalen in ihrem Revier. Alte Fähen wiederum lassen nicht zu, daß ihre Töchter in ihrem Revier wölfen.

Diese intakte Sozialstruktur bedeutet bei Familie Reineke, wie auch bei Wölfen, gleichzeitig eine wirksame Geburtenkontrolle.

Wird nun ein Altfuchs erlegt, wird sein Revier sofort von mehreren unerfahrenen Jungfüchsen besetzt, die sich mit kleineren Arealen begnügen. Somit pflanzen sich auch mehr junge Fähen fort.

Es mag paradox klingen: Eine scharfe Bejagung wirkt bei Tieren mit einer Sozialstruktur wie beim Fuchs zunächst einmal zuwachsfördernd. Hinzu kommt die Gefahr, daß durch die Zuwanderung junger Füchse aus weit entfernt liegenden Revieren die Tollwut weiter verbreitet wird.

Trotz der Neugier-
de siegen ange-
wölftes Mißtrauen
und natürliche
Vorsicht bei dem
Nachwuchs der
»Roten Freibeuter«.

JUNGREINEKES
JAGDHUT

Es ist wunderschön, nach ausgedehnter Frühpirsch in den ersten wärmenden Strahlen der
Morgensonne im noch wintertrockenen, braunen Gras am Wegrand zu sitzen.

Der Blick des Jägers fällt auf ein kleines Feder-
büschel am Waldboden, eine Rupfung. Ein Sper-
ber hat wohl hier eine Drossel geschlagen und
auf dem bemoosten Baumstumpf gekröpft.

Plötzlich erscheint ein Blaumeisenpaar auf der
Szenerie und trägt Feder um Feder zu einer kleinen Höhle in einer trockenen Birke – einer der
ärgsten Feinde der kleinen Singvögel liefert das
Federbett für vielköpfige junge Brut!

E ine Amsel streicht im dichten Gestrüpp
davon, das heißt, sie schleicht eher
verstohlen flatternd und von Zweig zu
Zweig hüpfend fort. Gewiß hat sie auf
ihrem Nest gesessen und wurde nun aufgeschreckt. Im Wald, dort wo menschliche Ruhe-

Der Igel lebt nicht nur von Würmern und
Wurzeln, Fröschen und Früchten, auch Mäuse
verschmäht der Stachelritter nicht.

störer die Ausnahme bilden, verhalten sich
Drosseln anders als in Siedlungen oder Gärten,
wo sie Störungen durch Menschen gewöhnt sind
und meistens laut zeternd davonfliegen.

Zwei Wacholderdrosseln hüpfen durch das ver-
dorrte Gras. Im Verhältnis zu ihrer Größe machen die beiden riesige Sprünge und vertreiben
dem Jäger die Zeit.

Zwischendurch kämpft einer der beiden Vögel
mit einem dicken Regenwurm und zieht ihn
schließlich siegreich aus der feuchten Erde.
Auch Drosseln sind schließlich, genau genommen, »Raubvögel«. Sie leben von anderen
Tieren, Jungvögeln, Insekten und »nützlichen«
Regenwürmern. Kein Naturschützer würde
aber auf die Idee verfallen, Drosseln als Beute-
greifer zu klassifizieren.

Wo liegt der Unterschied, wenn eine Fuchsfähe
einen Junghasen für ihre Welpen reißt, der Habicht eine Fasanenhenne für seine Nestlinge
schlägt oder eine Meise ihre Brut zentnerweise
mit Larven, Käfern und Kerfen versorgt? Töten
erhält Leben, und dieses Gesetz der Natur gilt
auch für Drosseln.

D rei Stück Kahlwild ziehen vertraut über
die Wiese und verschwinden im gegenüberliegenden Bestand. Tagaktives
Rotwild ist sehr selten geworden. Viele
Menschen haben unser letztes Großwild noch nie
in freier Wildbahn gesehen, und manche Jäger
kennen es nur als heimliches Nachtwild, als sche-
menhafte Körper im Licht des Vollmondes.

Ein verspäteter Igel marschiert laut schnaufend
und raschelnd auf Suche nach Fraß im trockenen
Fallaub vorüber, dann ist es wieder ruhig.

Was wie ausgelassene Spielerei aussieht, ist Vorbereitung und Übung für den späteren Überlebenskampf, denn es dauert nicht mehr lange, und die Jungfüchse sind auf sich selbst gestellt.

Aufgeregtes Vogelgezeter reißt den Jäger aus seinen tiefen Gedanken. Kaum hat er das warnende Rufen der Drossel wahrgenommen, da sitzt sie schon laut schimpfend auf dem Weg und streicht kurz darauf wieder in den Wald zurück. Als der schwarze Vogel wieder verschwunden ist, erscheint kaum zwanzig Gänge entfernt der Grund seiner Aufregung: Drei muntere Jungfüchse spielen und balgen sich auf dem Weg und nehmen von dem Menschen keine Notiz.
Nach kurzer Zeit verschwindet die übermütige Gesellschaft wieder im schützenden Wald.

Noch stehen
Kahlwild und
junge Hirsche
vereint im Rudel
zusammen, bald
aber werden sich
die Tiere abson-
dern, um zu
setzen.

Der Jäger sucht sich notdürftig Deckung hinter einer brusthohen Kiefer, prüft den Wind, und da der von den roten Schelmen direkt auf ihn zu weht, beginnt er ganz vorsichtig, ganz leise und zart zu mäuseln.

Lange braucht er nicht zu warten. Schon wenige Sekunden später rollt bereits einer der Jungfüchse wie ein Wollknäuel fast vor seine Füße, bewindet neugierig die Stiefelspitzen und äugt dann interessiert an der großen Gestalt hoch.

Zwischenzeitlich sind auch die beiden anderen Welpen wieder auf der Bildfläche erschienen, sitzen bewegungslos auf ihren Keulen und beäugen das Verhalten ihres Bruders vorsichtig aus einigen Metern Sicherheitsabstand.

Das vorwitzige Füchslein ist nun doch mißtrauisch geworden, und plötzlich rast es in panischem Schrecken davon, überrennt dabei fast noch seine beiden Gefährten, so daß für Momente ein undurchschaubares Durcheinander auf dem Weg entsteht. Als endlich wieder etwas Ordnung zu herrschen scheint, stürmen alle drei auf dem Weg fort.

Bevor die verwirrte Gesellschaft verschwindet, ergreift der Grünrock seinen alten Hut und wirft ihn den aufgeregten Rotröcken hinterher.

Die Wirkung ist verblüffend: während sich der fast Getroffene vor Schreck überkugelt, hält ein anderer inne und schnappt sich blitzschnell das »unbekannte Flugobjekt«. Mit Inbrunst beutelt und schüttelt er den alten Filz wie eine willkommene Beute, als wolle er sie abtun.

Augenblicke später realisiert Jungreineke aber seinen Irrtum. Er läßt seine Beute fallen, folgt, so schnell ihn seine kurzen Läufe tragen, den beiden Geschwistern und verschwindet ebenfalls im Schutz der Schonung, aus der er gekommen war, einen laut lachenden Jäger auf dem Weg und eine ebenso laut zeternde Amsel im Gebüsch zurücklassend.

OKULI, DA KAMEN SIE

Während im März die ersten Junghasen lange gesetzt sind, kehren die weißen Bachstelzen erst jetzt im April aus ihren südlichen Winterquartieren zurück. Mit ihnen zieht auch der »Vogel mit dem langen Gesicht«, die Waldschnepfe, wieder gen Norden.

Der Wind ist auf Südwest umgesprungen, hat die graue Wolkendecke aufgerissen. Er bringt laue Luft und linden Regen, bringt des Winters allmählichen Abschied.

Noch aber gibt sich der Winter nicht völlig geschlagen, noch verstecken sich letzte Schneereste im Schatten des dunklen Waldes, dort, wohin die ersten wärmenden Sonnenstrahlen der kurzen Tage nicht reichen. Doch die Vögel verkünden bereits das endgültige Ende der kalten Jahreszeit. Aus den Kronen der Fichten, den höchsten Wipfeln, klingt der Gesang von Singdrossel und Amsel. Rotkehlchen ticken, und selbst der Buchfink schmettert zaghaft sein Lied in den kalten klaren Abend.

Die Sterbestunde des Winters naht, bald wird der Frühling geboren. Vereinzelt erhebt sich schon eine Lerche über die von Tag zu Tag grüner werdenden Getreideschläge.

Über Nacht sind die Bachstelzen zurückgekommen und trippeln nun fröhlich, mit ihren langen Schwänzen wippend, auf dem Dachfirst entlang. Mit ihnen kamen auch die Schnepfen, und so wandert mancher Jäger in dieser Jahreszeit hinaus, um die Stimmung einzuholen, die ein solcher Abend zu bieten hat, wenn der »Vogel mit dem langen Gesicht« streicht. Sie darf einem nicht genommen werden, sie soll nicht nur Erinnerung bleiben, obwohl unwissende Politiker entgegen wissenschaftlichen Erkenntnissen der

Zusammen mit den weißen Bachstelzen kehren auch die Schnepfen wieder aus ihren Winterquartieren zu uns zurück.

deutschen Jagd eine so traditionelle Jagdart wie den Schnepfenstrich genommen haben und die Flinte um Okuli herum im Schrank bleiben muß.

Der Boden ist dort, wo die Sonne am Tag nur kurz hingeschienen hat, noch hart gefroren. Vorbei geht die Pirsch ohne Gewehr, aber mit dem Hund an der Seite, an braunen, zu dieser Jahreszeit noch verwaist wirkenden Viehweiden. Zwei Bussarde ziehen ihre Kreise.

Kiebitze und ein Schwarm Stare kündigen auf ihre Weise den kommenden Wechsel der Jahreszeiten an.

Während die Sonne langsam den Horizont zu berühren scheint, verläßt der Jäger die

Bei Jägern der älteren Generation weckt dieser Anblick wehmütige Erinnerungen an die stimmungsvolle Jagd auf den balzenden Schnepferich.

Koppeln, begibt sich zu einem Stand im Erlenwald, auf dem er schon in seiner Jugend die Schnepfen erwartet hat, und hängt seinen Gedanken nach.

Der Hund hat sich nach einigen unruhigen Drehungen ein Lager gemacht. Seiner anfänglichen Aufmerksamkeit folgt lautes Gähnen, und schon ist er eingeschlafen. Er ist zu jung, als daß er den Zauber des Schnepfenstriches kennen könnte.

Es riecht intensiv nach frischer, feuchter Erde.

Das Konzert, das Singen, Schmettern und Pfeifen der verschiedenen Vögel scheint jetzt, wo die Dämmerung nicht mehr fern ist, für kurze Zeit noch zuzunehmen. Mehrere Amseln flöten ihr Abendlied, und eine Singdrossel läßt ebenfalls ihre melodische Stimme erklingen.

Irgendwo tickt bescheiden ein Rotkehlchen, und ein Zaunkönig zetert aufgeregt in dem hohen Wurzelballen einer vom letzten Sturm geworfenen Erle, als er die reglosen Gestalten eräugt.

Allmählich wird es kühler. Der Geruch von vermodertem Laub, Kien und würzig frischem

Waldboden wird noch intensiver, während die Lieder der Vögel fast unmerklich verebben. Nur zwei Schwarzdrosseln schimpfen noch und scheinen kein Ende ihres Streites zu finden.

Von weit her schallt der Ruf eines Waldkauzes. Das Licht schwindet. Mit dem silbrigen Aufblinken der Venus, des »Schnepfensterns«, unter der schmalen Mondsichel verklingt die melodische Ouvertüre und verschwindet schließlich in immer leiseren, dahinschmelzenden Soli.

Mäuse rascheln im trockenen Fallaub, und dann herrscht, wie auf einen geheimen Befehl hin, urplötzlich Stille.

Der Hund ist erwacht, erhebt sich, gähnt, reckt sich ausgiebig und blickt fragend zu seinem Herrn empor. Der lauscht angestrengt in die immer schneller fortschreitende Dämmerung.

Drei Stücke Rehwild ziehen auf kaum zwanzig Gänge vorüber. Gegen den dunkelbraunen Hintergrund sind sie kaum auszumachen. Nur die

Die Malerfeder, verkümmerte äußere Handschwinge vieler Vogelarten, gilt bei der Schnepfe als bescheidene Trophäe.

leuchtendweißen Spiegel verraten ihre Anwesenheit. Vertraut, ohne die beiden Jäger, den zweibeinigen und den vierläufigen, zu bemerken, ziehen sie weiter und sind kurz darauf von der Dunkelheit verschluckt.

Weit weg schreckt ein Reh – ob dort Schwarzwild zu den Feldern zieht?

Noch einmal zetert kurz eine Amsel. Früher fielen zu dieser Tageszeit in der Umgebung vereinzelt Schüsse und störten den Frieden des Abends. Ja, früher!

Es wird empfindlich kalt. Eine Fledermaus flattert am rasch dunkler werdenden Himmel vorbei und taucht im Schatten der hohen Bäume unter. Dem lauschenden Harren und gespannten Erwarten folgt aufgeregtes Zusammenzucken, und da klingt es von fern her: »Quork, quork, quork – pisik, pisik!«, kommt näher, und schon streicht ein Schnepf über die Köpfe der beiden Jäger.

Er verschwindet wieder, kehrt aber nach wenigen Minuten zurück und erscheint danach noch zweimal in guter Schußentfernung am nun schon fast nachtschwarzen Himmel.

Noch einmal streichen zwei Schnepfen im schaukelnden Eulenflug dicht hintereinander vorüber. Zuerst verdeckt durch das kahle, kätzchenbehangene Erlengezweig, gleich darauf frei, so daß sich die langen Stecher wie schwarze Striche gegen den helleren Himmel im Westen abheben.

Gewiß hätte man an diesem stimmungsvollen Frühlingsabend zwei oder gar drei dieser Vögel schießen können, aber Schnepfen – in unseren Breiten nun mal nach Zahl und Wesen zur Massenbeute nie geeignet – sind eine Wildart, die man heute mehr erlebt als erlegt.

Und die Frühjahrsjagd auf den »Vogel mit dem langen Gesicht«, während des Schnepfenstrichs, ist sowieso ein für allemal vorbei.

Das jedes Jahr wieder aufs neue faszinierende Erleben des erwachenden Frühlings am geheimnisvoll wispernden Wald, wenn der Tag hinter den schwarzen Bäumen versinkt...

...bescherte dem Jäger früher hin und wieder einen »Vogel mit dem langen Gesicht«. Auch wenn heute die Beute versagt wird - die zauberhafte Stimmung des Schnepfenstrichs ist geblieben.

PIRSCH DURCH DEN MAI

»Am ersten Mai soll die Saat des Wintergetreides so hoch stehen, daß sich eine Krähe darin verstecken kann«, lautet eine alte Bauernweisheit, und in einem beliebten Volkslied wird der Monat Mai herbeigesehnt, auf daß er die Bäume wieder grün mache und die blauen Veilchen blühen lasse. Tatsächlich grünt und blüht es im Wonnemonat fast überall. Die Natur ist förmlich in Aufruhr geraten, nach langem Schlaf ist sie wieder voller Leben und bunter Schönheiten.

Der Raps läßt lediglich ahnen, daß schon bald riesige, gelb leuchtende Schläge sein werden, wo Anfang des Monats noch grüne Felder mit nur einem Hauch von Gold stehen.

Die alten, ehrwürdigen Eichen sind etwas zurückhaltender. Ihre Knospen beginnen erst jetzt aufzuspringen. In ihrem hohen Geäst singt nun der Vogel Bülow, der Pirol. Die Gartengrasmücke und der Neuntöter melden sich, Sprosser und Nachtigall verzaubern mit ihren wunderschönen Stimmen die Nächte.

Die Hecken sind bevölkert mit flügge gewordenen Jungvögeln, und die jungen Waldkäuze, die schon vor einigen Wochen geschlüpft sind, blinzeln mit ihren großen runden Augen verschlafen in den hellen Frühlingstag. Sie erwarten die Zeit der »Uhlenflucht«, wenn die Altvögel Atzung bringen.

Man hört ihn viel öfter als man ihn sieht, den Pirol, auch Vogel Bülow oder Goldamsel genannt.

Der Neuntöter – mit dem Verschwinden von Dornenhecken, wird dieser hübsche Vogel bei uns immer seltener.

Kaum den Eiern entschlüpft, werden die Fasanenküken...

...als typische Nestflüchter schon bald der Henne folgen.

Tarnung – eine der Grundbedingungen zum Überleben. Junghasen und Rehkitz drücken sich bei nahender Gefahr auf den Erdboden und verharren, fast unsichtbar geworden, regungslos, bis diese wieder vorüber ist oder das Muttertier kommt. Gegen Mähbalken oder Kreiselmäher nützt aber auch die beste Tarnung nichts.

Die Natur ist voll erwacht, überall wächst, blüht und grünt es. Während Fasanen und Rebhühner häufig im »Wonnemonat« noch brüten und im Gebirge die Bärzeit der Murmeltiere beginnt, führen Rot-, Dam-, Sika- und Rehwild manchmal schon ihren Nachwuchs.
Äsung gibt es bereits genug, aber gerade das Jungwild bereitet dem Jäger nun Sorge. Zwar findet es genügend Deckung, aber in den Wiesen lauert durch moderne Technik der Tod auf Kitze, Dreiläufer und Gelege.

Bereits wenige Stunden nachdem das Muffellamm gesetzt wurde, folgt es, anfangs noch recht unsicher, auf staksigen Läufen dem Schaf.

A m Tag bevor die Mahd beginnt, gilt es die entsprechenden Schläge mit dem Hund abzusuchen und die Flächen zu verwittern, Scheuchen aufzustellen, damit der Mähtod nicht zu unbarmherzig Ernte halten kann, und wenn man Glück hat, findet man nun die frisch abgeworfene Stange eines Dam- oder Sikahirsches im Revier. Der Mai ist die schönste Jahreszeit der stillen Beobachtung, die in die genußreiche Jagd auf den zu dieser Zeit meistens noch nicht verfärbten Abschußbock – »Gewicht geht vor Gewichtel« – und schwache Schmalrehe mündet. Nachdem das Rehwild gesund durch den Winter gebracht wurde, folgt nun die zweite Phase der Hege, die mit der Büchse.

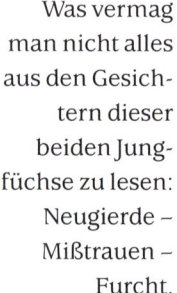

Was vermag man nicht alles aus den Gesichtern dieser beiden Jungfüchse zu lesen: Neugierde – Mißtrauen – Furcht.

TURNIER DER SCHWARZEN RITTER

Zwischen den ergrünenden Äckern und Wiesen liegt das Moor immer noch braun und scheinbar tot, ein letztes Rückzugsgebiet des Winters, dessen Spuren an anderen Stellen schon lange von den täglich wärmer werdenden Sonnenstrahlen vernichtet sind.

Doch auch im Moor hat die Heidelerche den Frühling mit ihrer jubelnden Stimme eingeläutet, und im Meer der gelben Segge bilden Heide und Heidelbeere zarte grüne Teppiche auf dem schwarzbraunen Torfgrund.

Eine Stunde wird es noch dauern, bis die ersten Frühaufsteher im Moor wach werden, die Lerchen hoch unter den langsam verblassenenden Sternen ihr Morgenlied dudeln, und bis vom fernen Dorf der erste Hahnenschrei ertönt.

Der Jäger hat in stockfinsterer Nacht seinen Schirm erreicht. Ihn fröstelt. Er sieht zur Uhr, aber es ist noch Zeit, bis die ersten Hähne zum Balzplatz kommen.

Enten klingeln vorbei, und von den Viehkoppeln weht der Wind die Rufe aufgeregter Kiebitze herüber. Wahrscheinlich schnürt dort Reineke, von nächtlichem Beutezug kommend, an ihren Nestern entlang. Da – in der Luft ist leises Brausen, eher zu ahnen als zu vernehmen. Es folgt ein dumpfer Aufprall auf den Erdboden und wieder Totenstille. Mit angehaltenem Atem lauscht der Jäger in die Dunkelheit. Eine Ewigkeit scheint es zu dauern, bis endlich ein krächzender, kehliger Laut

Früher galten Kiebitze als typische Frühlingskünder, heute verlassen sie uns nur noch selten wenn es kalt wird, ein großer Teil von ihnen überwintert hier.

erklingt und das Blut des Waidmannes in Wallung versetzt. Er hat sich nicht getäuscht: Ein Spielhahn ist auf dem Balzplatz eingefallen.

Noch ist er mit den Augen auf dem schwarzen Hintergrund nicht auszumachen, aber das Ohr bestätigt, daß der schwarze Ritter nun den morgendlichen Frühlingsreigen eröffnet. Durch hitziges Blasen tut er allen Rivalen kund, daß er der Herr des Balzplatzes ist.

In der Zwischenzeit sind zwei weitere Hähne eingetroffen. Herausfordernd mischen sich ihre heiser zischenden Stimmen in das aufregender werdende Konzert. Es ist eine erfüllende Freude, in erregender Erwartung die immer schneller zum Leben erwachende Natur zu beobachten.

Bekassinen meckern, und Lerchen steigen singend in das Grau des Himmels.

Der gelbe Schein im Osten legt sich purpurn über das Moor, und zugleich schwillt von Minute zu Minute der Chor von Lerche, Rohrsänger, Ammer und Piper und steigert sich, mit fast unzähligen anderen Vogelliedern zusammenschmelzend, zur aufjubelnden Morgenhymne.

Mit dem aufflammenden Licht wächst die Flut der Laute, ständig stimmen neue Sänger ein. Und zwischen dem Konzert bebender Vogelkehlen spielen sich drei, vier Birkhähne ein.

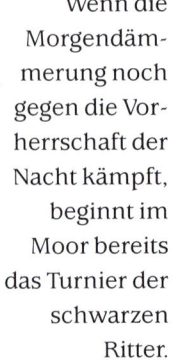

Wenn die Morgendämmerung noch gegen die Vorherrschaft der Nacht kämpft, beginnt im Moor bereits das Turnier der schwarzen Ritter.

Mittlerweile ist es hell geworden. Tiefschwarz rodeln die Hähne. Kommt einer einem anderen zu nahe, droht in dessen Reich einzudringen, wechselt das dunkle Jodeln unvermittelt zu einem warnenden Zischen und Blasen. Aus dem geduckt sich im Kreise drehenden Tänzer wird ein schmaler, hochaufgereckter Pfahl, der aus dem Stand prasselnd in die Höhe hüpft, dieweil die unscheinbaren, kaum sichtbaren Hennen sich scheu gockend im Kraut drücken.

Und während noch das Flöten des Großen Brachvogels verloren über das weite Moor weht, tritt plötzlich Ruhe ein.

In tiefer Stille empfängt die Natur im ehrfurchtsvollen Morgengebet die langsam aufgehende Sonne.

Erst wenn der rote Sonnenball sich in vollem Licht über den Dunst erhoben hat, endet das tiefe Schweigen, die feierliche Frühandacht, ebenso unvermittelt wie sie begonnen hat.

Urplötzlich gehen Tanz und Turnier im Bruch weiter. Noch lauter, noch intensiver nimmt der große Morgenchoral aus Hunderten ineinanderschwingender Stimmen seinen gewaltigen Fortgang, und das Birkwild setzt seine verzückende Balz fort. Von goldenen Strahlen getroffen, glänzen die aufgeregten Hähne stahlblau, und

Imponiergehabe
– dick geschwol-
lene, rote Rosen
über den Augen,
gespreizte
Schwingen,
gesträubter Stoß,
flatternde
Sprünge und
weithin hörbarer
Balzgesang.
So wird die
Rangordnung
auf dem Balz-
platz entschie-
den.

purpurn leuchten ihre roten Rosen. Mit gespreizten, nach unten bis auf den Erdboden gebogenen Schwingen fahren sie geduckt hin und her, legen dabei das gefächerte Spiel mit den krummen Stoßfedern weit auf den Rücken. So kommen die gebogenen Sicheln besonders gut zur Geltung, und die Unterseiten des Stoßes heben sich leuchtend weiß von dem dunkel metallisch schimmernden Körper ab.

Das Spiel der Farben und der Sängerwettstreit der kleinen Ritter auf ihrem Turnierplatz im Moor währt mitunter bis acht, sogar bis neun Uhr in der Frühe und wiederholt sich Morgen für Morgen und Jahr für Jahr.

Wie lange noch?

Die Trockenlegung der Moore sowie die Zerstörung anderer Birkwildlebensräume und seiner Balzplätze durch wirtschaftliche Forst- und Bodennutzung, vermehrte Störungen durch Wanderer und gnadenlose Tierfotografen, all das macht dem Kulturflüchter Birkwild weit mehr zu schaffen als seine natürlichen Feinde Habicht oder Fuchs.

In der Heide nennt man das Rauhfußhuhn mit dem gesichelten Stoß »Birkhahn« – wahrscheinlich, weil es sich im Winter von den Blütenknospen dieser Bäume ernährt.

In Bayern heißt es »Spielhahn«. Dieser Name ist viel treffender. Sieht man den Vögeln bei ihrer Balz zu, wenn sie tanzen, hopsen und springen, glaubt man nämlich, sie seien ausgelassen und unbeschwert, aber das ganze Ritual verläuft nach festen Regeln und ist ganz gewiß kein Spiel. Trotzdem hat man in Bayern ihre fröhlich erscheinenden Tänze auf das menschliche Leben übertragen, und der Schuhplattler beispielsweise erinnert an die Balz der kleinen Hähne.

Was vor wenigen Jahrzehnten noch zum Alltag gehörte, wird in weiteren zehn Jahren vielleicht schon unmöglich sein: In Deutschland Birkwild zu beobachten, ist für jeden Naturbegeisterten bereits eine große Seltenheit und unvergeßliches Erlebnis.

DAS PHÄNOMEN DER EIRUHE

Ricken, vor wenigen Wochen noch hochbeschlagen, sind nun in den Flanken eingefallen, grau und ruppig in der Decke und oft noch nicht verfärbt.

Ihr Tagesablauf wird nicht mehr ausschließlich nur durch Äsen, Wiederkäuen und Ruhen bestimmt, denn sie führen nun ein, zwei oder mitunter sogar drei Kitze.

Erst seit weniger als neunzig Jahren weiß man um die Eiruhe, einen Kunstgriff der Natur, der bei manchen Tierarten, so z.B. Mardern oder dem Rehwild, dafür sorgt, daß sowohl die Brunft- bzw. Ranzzeit als auch das Setzen in eine für die betreffenden Tiere günstige Jahreszeit fällt.

Dieses Phänomen gibt es nur bei den Tieren, die in Regionen leben, in denen witterungsbedingt zu bestimmten Jahreszeiten kaum Äsung und Deckung vorhanden ist.

Die Rehbrunft etwa hat ihren Höhepunkt zwischen Ende Juli und Anfang August. Wenn die Ricke oder das Schmalreh vom Bock beschlagen wurde, ruht die befruchtete Eizelle anschließend in einem sehr frühen Entwicklungsstadium bis etwa Anfang Dezember ohne sichtbare Veränderung. Erst nach dieser ungefähr viereinhalbmonatigen Keimruhe beginnt sich die Eizelle in der Tracht weiterzuentwickeln.

So ist gewährleistet, daß das Kitz nicht zur Notzeit im eisigen Winter gesetzt wird, sondern erst im Mai oder Juni, wenn in den blühenden Wiesen, in der hohen Saat der Getreidefelder und im reichen Unterbewuchs des schützenden Waldes Deckung und Äsung für das Mutterwild und seinen Nachwuchs im Überfluß vorhanden sind.

Tarnung ist alles – der zurückgelassene Nachwuchs wird solange regungslos verharren, bis das Muttertier zurückgekehrt ist.

»NUR« EIN KNOPFBOCK

Der Mai ist für jeden Naturbegeisterten ein herrlicher Monat, auch wenn er sich nun bereits dem Ende zuneigt.
Entspannt sitzt der Jäger in dieser vorsommerlichen Zeit am Feldrand und hofft auf das Austreten von Rehwild.

Störend ist an diesem friedlichen Abend allein das Geratter von zwei Traktoren, die die ersten Wiesen mähen, um Gras für Silage einzubringen. Bis es die nötige Reife für die Heuernte bekommt, werden noch ein oder zwei Wochen ins Land ziehen.
Sobald es nach dem sonnigen Tag am Abend wieder kühler und feuchter wird, sich das Gras schwerer mähen läßt, werden auch die beiden Bauern nach vielen Stunden eintöniger, aber schwerer Arbeit nach Hause tuckern, und es wird wieder Ruhe in Feld und Flur einkehren.
Der Jäger war mit seinem Hund den ganzen Nachmittag durch das hohe Gras der Wiesen gestapft, die zur Mahd anstanden, und hatte Kitze gesucht. Am Rande der Flächen hatte er anschließend bunte Wimpel in den Erdboden gesteckt – in der Hoffnung, sie würden durch ihr unruhiges Geflatter Ricken mit ihrem Nachwuchs davon abhalten, auszuziehen. In der Ferne leuchtet goldgelb ein Rapsschlag, aber der Wind steht zu ihm hin und weht nicht den betörenden süßen Duft der Ölsaat herüber.
Vor dem Feld grasen Kühe auf einer Koppel.

Reizvoll in Form und Farbe: ein Admiral. Ohne Brennesseln kann dieser hübsche Falter aber nicht überleben.

Wie ein riesiger bunter Blumen- strauß wirkt diese Wiese und zieht mit ihrem Duft und ihren leuchtenden Farben zahllose Insekten an, gibt ihnen reiche Nahrung und gute Deckung.

Allein das Gehörn gibt keinen sicheren Aufschluß über die Erbanlagen des Bockes, wie manche Jäger früher annahmen.

Zwei Radfahrer steigen von ihren Drahteseln und bewundern die Schwarzbunten, die in wilden Bocksprüngen übermütig, voller Lebensfreude, wie es den Anschein hat, über die Weide preschen. Dann galoppiert die Herde wieder zurück und hält erst kurz vor dem Stacheldrahtzaun ein.

Die Sonne steht schon sehr tief, und die beiden Radler sind zwischenzeitlich weitergefahren.

Durch die klare Luft wehen ab und zu noch einige Gesprächsfetzen von ihnen herüber, dann ist wieder Ruhe; Stille aber herrscht nicht.

Vielseitig und abwechslungsreich sind die verschiedenen Farben auf der Wiese: Zwischen sattgrünem Gras leuchten weiße Margeriten, gelber Löwenzahn und Hahnenfuß, rote Kuckuckslichtnelken prangen neben blauem Wiesenstorchschnabel, und über allem erhebt sich der weiße oder cremefarbene Schleier blühender Doldengewächse, die ihre zierlichen Blütenschirme hoch über die Gräser halten.

So bunt wie die Blütenpracht auf der Wiese, so bunt gemischt ist auch das Konzert der vielen hier heimischen Vogelarten: Ringeltauber ruck-

sen, ein Kuckuck streicht über die Koppel, blockt auf einem der Zaunpfähle, keckert, ruft dann minutenlang und fliegt wieder davon.

Der Sage nach wies der liebe Gott, als er die Erde erschuf, allen Tieren eine Wohnstatt zu, und alle waren zufrieden bis auf den Kuckuck. Ihm konnte es der Herr nicht recht machen, und so wurde er schließlich zornig über den wählerischen Gesellen. Seitdem muß der Vogel ohne eigene Behausung auskommen und seine Eier in die Nester fremder Vögel legen.

Galt der Kuckuck in der Antike bei vielen Völkern der Erde als weise und als »Vogel des Lebens«, wurde er später zum Synonym des Bösen. »Hol dich der Kuckuck«, sagt man und meint den Teufel. Von »Gauch«, dem altdeutschen Namen des Zugvogels mit dem gesperberten Gefieder, leitet sich »Gaukler« für fahrendes, betrügerisches Volk ab. Für viele Menschen aber ist der Kuckuck auch heute noch ein Symbol für das erwachende Leben im Frühling.

Aus dem Erlenwäldchen kommt in regelmäßigen Abständen der Bettelruf von Jungvögeln.

Klar und deutlich klingt das Lied eines Pirols. Der Vogel Bülow ist ebenfalls seit einigen Tagen wieder in sein Brutgebiet zurückgekehrt.

Mönchs- und Gartengrasmücke singen um die Wette. Leichter Wind weht einige Samen des Löwenzahns – »Pusteblume« heißt er in manchen Gegenden im Volksmund – vorüber.

Plötzlich steht mitten auf der Wiese ein Reh. Auch wenn der Jäger Wild erwartet hat, durchfährt ihn ein kurzer Schreck. Langsam wandert das Fernglas vor seine Augen. Eine Ricke mit prallem Gesäuge spricht er an und gleich darauf, auf wackeligen Läufen, ein wenige Tage altes Kitz. Lange bleiben die Objektive des Glases auf die beiden Rehe gerichtet, und der Jäger genießt den friedlichen Anblick dieser Idylle in vollen Zügen.

Zwischenzeitlich sind weitere Rehe auf die Wiese getreten: ein rotes Schmalreh, ein mittelalter, noch nicht durchgefärbter Bock mit dünnen Stangen und ein hoffnungsvoller Jährling. Dann erscheint eine graue Ricke. Sie hat offensichtlich noch nicht gesetzt. Nervös schüttelt sie immer wieder den Kopf und zieht dann zurück in den schützenden Wald.

Die beiden Trecker sind zwischenzeitlich verstummt und verschwunden. Erst jetzt registriert es der Jäger, zu sehr war er mit dem Ansprechen des Wildes beschäftigt.

In der Ferne fällt ein Schuß. Deutlich war auch Kugelschlag zu hören. In der Nachbarschaft hat man offenbar die stimmungsvollen Abendstunden erfolgreich genutzt.

Der starke Sechser, auf den der Jäger so sehr gehofft hat, läßt sich nicht blicken. Stattdessen zieht ein kümmerlicher Knopfspießer auf die Fläche, und als die Dämmerung schon fast von der Dunkelheit abgelöst wird, unterbricht an diesem friedvollen Abend noch ein lauter Schuß die beschauliche Atmosphäre.

Als es schließlich völlig dunkel ist, zieht ein glücklicher Jäger mit seiner schwachen Beute auf dem Rücken und einem zufriedenen Hund an der Seite unter klarem Sternenhimmel heimwärts.

Erst wenn die Schwarzbunten im Herbst endlich in ihren Ställen stehen, gehört das weite Land wieder allein den Wildtieren.

VON DER BALZ DES GROSSEN HAHNS

Während im Flachland der Frühling endlich Einzug gehalten hat, wehrt sich im Gebirge der Winter immer noch erfolgreich gegen den fauchenden Frühlingsföhn und einen Wechsel der Jahreszeiten.

Im Bergwald hält sich noch alter, verharschter Schnee und hüllt ihn in eisiges Schweigen.

Die vollkommene Stille zwischen Nacht und Morgen wird nur zweimal vom Ruf eines Kauzes unterbrochen. Es ist kalt, den Jäger fröstelt. Ein kühler Luftzug weht beißend vom Tal herauf und kriecht in seinen Mantel.

Es riecht würzig nach Harz und jungem Leben. Eine Sternschnuppe fällt auf die Erde nieder, leuchtet auf und verlöscht. Über den dunklen Fichtenwipfeln blühen die Sterne, als seien es große, silberne Blumen.

»Schaufeln« – nicht umsonst werden die großen Stoßfedern des Auerhahnes als solche bezeichnet.

Angestrengt lauscht der Jäger mit angehaltenem Atem in die Dunkelheit. Und dann, endlich, hört er es: »tic toc, tic toc«, ein Laut ohne Vokal und voller Geheimnis, klingt wie das Tropfen von Perlen in eine hölzerne Schale. Erst fallen die Perlen langsam, fast zögernd auf das Holz, dann tropfen sie immer schneller hintereinander, bis die Arie ihren Höhepunkt mit einem trockenen Knall erreicht, als zöge jemand einen Korken aus einer Flasche. Mit einem Zischen klingt sie aus. Der Auerhahn ist auf seinem Schlafbaum erwacht und spielt sich ein.

Ganz behutsam, jede hastige Bewegung vermeidend, pirscht der Jäger den seltsamen Lauten entgegen.

Machte er anfangs bei jedem Schleifen drei bis vier Sprünge, ist er nun, wo er dem Hahn näher kommt, noch vorsichtiger. Lediglich unmittelbar nach dem Hauptschlag, wenn der große Vogel wetzt, kann es sich der Jäger noch erlauben, ein oder manchmal zwei kurze Schritte zu machen, denn nur in dieser kurzen Phase seines leisen Balzliedes ist der Urhahn taub und blind.

Aber gerade dieser Teil seiner Arie ist nur auf kurze Entfernung zu hören, und wenn ein leiser Wind weht, vernimmt man die Laute aus des starken Vogels Brust mitunter erst auf dreißig oder vierzig Gänge.

Doch der laute Hauptschlag verrät dem Jäger, daß er nun ein, zwei oder auch drei schnelle Schritte machen darf, ohne von dem Hahn bemerkt zu werden.

Im ersten Dämmerlicht schweigen die anderen Stimmen des Bergwaldes, nur der Große Hahn,

Während die
Hennen auf
dem Balzplatz
für des Jägers
Auge meistens
unsichtbar sind,
tritt der balzen-
de Hahn umso
auffälliger in
Erscheinung.

Auch wenn der »Große Hahn« während der Balz mitunter blind und taub erscheint, ist er äußerst vorsichtig und reitet bei der kleinsten Störung ab.

lediglich als dunkler Klumpen gegen den grauer werdenden Himmel sichtbar, singt aus der düsteren Krone einer einzelnen, zerzausten Rottanne Strophe um Strophe.

Die wenigen stockenden Fichten unter den hohen Bäumen sehen aus wie die Trolle der weiten Wälder Schwedens.

Der Boden ist übersät mit kleinen Zweigen und trockenen Ästen, und so muß der Jäger stets ein Auge zum Himmel haben und eins auf der Erde, damit kein unvorsichtiges Knacken ihn verrät. Erst, als er sich dem Baum, auf dem der Hahn nun verzückt eine Strophe nach der anderen singt, bis auf zwanzig Meter genähert hat, kann er ihn endlich ausmachen.

Die dunklen Schwingen gesenkt, den mächtigen Stoß gefächert und den Stingel hochgereckt, trippelt er auf dem trockenen Ast hin und her. Leises Beben fährt jedesmal über den Kehlbart hin, wenn eine neue Strophe beginnt. Ein faszinierendes, ein unvergeßliches Bild: die dunkle Silhouette des urigen Vogels, einem Scherenschnitt gleich, in uriger Landschaft vor dem heller werdenden Licht des anbrechenden Morgens.

Da verstummt der leise Gesang des großen Vogels. Aus irgendeinem Grund hat er Verdacht geschöpft. Es vergehen bange Minuten voller Spannung in verkrampfter Körperhaltung, in denen sich der Jäger nicht rühren darf.

Dann setzt die Balzstrophe endlich noch einmal ein, der Jäger kann sich »aufatmend« bequem hinstellen und das Naturschauspiel beobachten.

Nicht lange, da reitet der Hahn zu Boden. Aufmerksam verhält er, äugt mißtrauisch in die Runde, watschelt unbeholfen ein paar Meter durch das hohe Beerkraut und beginnt mit der Bodenbalz.

Mit breit gefächerter Schaufel dreht er sich um die eigenen Achse und streckt dabei Brocker, Kopf und Stingel herausfordernd nach oben. Ein Wesen wie aus einer anderen Welt – rätselhaft, unnahbar, geheimnisvoll.

FRÜHER NANNTE MAN SIE »TOTENVÖGEL«

Obwohl man häufig das Gegenteil hört, können Waldkäuze, wie alle Eulen, in pechschwarzer Nacht nichts sehen.

Wenn es dunkel ist, lockt der Lichtschein eines beleuchteten Fensters die Käuze oft an, da allerlei Insekten durch die Helligkeit ebenfalls angezogen werden. Sie gehören neben Mäusen und ab und zu einmal einem kleinen, vorwitzigen Vogel mit zur Nahrung der Nachtraubvögel.

Lassen die Käuze dann vor dem Haus unüberhörbar ihren lauten, etwas schauerlich klingenden Ruf, ein langgezogenes »Huuu huu«, erklingen, oder ertönt das kreischend hohe »Kui witt, Kui witt«, werden abergläubische Menschen leicht in Angst und Schrecken versetzt.

Wenn man währenddessen gerade am Bett eines Alten oder Kranken wacht, ist es verständlich, daß die Leute auf dem Lande früher glaubten, der Kauz stehe mit dem Tode im Bunde, da die Menschen aus dem Ruf die Aufforderung »Komm mit, komm mit« heraushörten.

So wurden die munteren Vögel auch »Totenvogel« genannt, obwohl sie keineswegs zum »lichtscheuen Gesindel« gehören.

Er hat sein sonniges Plätzchen vor der »Haustür«, einem ausgefaulten Astloch.

Großäugig, krumm-schnäbelig, weichgefiedert – der lautlos fliegende Mäusejäger Waldkauz.

PIRSCH DURCH DEN JUNI

Nun hat auch das Damwild gesetzt. Kälber folgen bereits ihren Tieren, Kitze ihren Ricken, Fasanenküken ihren Hennen, und auf Teichen und Seen Entenküken der Mutterente. Es singt morgens und abends der Chor der Vögel, doch schon nicht mehr in der vollen Besetzung. Die Mühen, die fast alle Altvögel nun mit ihrem immerzu hungrigen, noch nicht flüggen Nachwuchs haben, lassen wenig Zeit, und die Brutgebiete sind ohnehin abgesteckt. Kaum ein Vogel braucht sein Territorium jetzt noch durch Gesang gegen einen Rivalen abzugrenzen. Auch das nächtliche Konzert der Nachtigall ist deshalb verstummt.

Am 21. Juni verabschiedet sich nach dem Kalender der Frühling, es ist Sommeranfang.

Wenn die Sonne, nun wieder auf ihrer Bahn abwärts sinkend, im Sternbild des Krebses steht, dann ist für das Wild die faule Zeit des Jahres gekommen.

Die Landwirte sind zum größten Teil mit dem Säen, Drillen und Pflanzen fertig, und es gilt allmählich, an die Ernte zu denken. Das erste Gras ist bereits gemäht.

Wo noch vor kurzem zahllose bunte Blüten die Wiesen verzauberten, liegt nun, nach der ersten Mahd, duftendes Heu in langen Reihen zusammengerecht und wartet darauf, in die Scheunen gebracht zu werden.

Während die Roggen- und Weizenschläge noch grün sind, wogt die fast reife Gerste in einem satt gelben Halmenmeer, und der Geruch von Blüten und Blumen, von Kräutern und Gräsern vermischt sich zu einer harmonischen, würzigen Duftkomposition.

Mit der Milchreife des Hafers beginnen die Wildschäden.

Der Juni beschert dem Jäger meist den ersten wirklichen Wildschaden im Jahr. So erreicht der Hafer die Milchreife, zieht besonders die Sauen, aber auch anderes Schalenwild von weit her an, und es gilt das Wild durch Ablenkkirrungen im Wald von den Feldern fernzuhalten.

Wo jagdliche Sorgen vorhanden sind, da gibt es aber auch jagdliche Freuden: Es beginnt die Jagd auf Rotschmaltiere und Spießer, letztere haben allerdings noch lange nicht gefegt.

Und zudem ist der Juni, der »Rehbockmonat«, wie er in alter Zeit genannt wurde, die Zeit der intensiven Jagd auf Abschußböcke – bevor die Feldfrüchte zu hoch stehen und bevor die Rehbrunft beginnt.

Die Jagdzeit auf Schmalspießer geht bereits im Juni auf, noch haben sie aber nicht gefegt.

Die »Familien-
idylle« täuscht:
Trotz ständiger
Aufmerksamkeit
der Mutterente
warten auf die
Jungenten über-
all Gefahren, im
Wasser, auf dem
Lande und aus
der Luft.

ALTE BEKANNTE

Viele Wiesen sind gemäht, und das Rehwild hat sich wieder in die schützende Deckung des schattenspendenden Waldes zurückgezogen. Der Tag war sehr heiß, und der Jäger nutzt die friedlichen, kühleren Abendstunden für einen ausgedehnten Pirschgang.

Bei jedem seiner Schritte auf dem trockenen Sandweg erheben sich kleine Staubwolken. Der Hund, der erwartungsvoll vorausgeeilt ist, kommt schon nach kurzer Zeit mit hechelnder Zunge zurückgetrabt und geht freiwillig bei Fuß. Selbst ihm ist es noch zu warm.

Ein bunter Trommler des Waldes: Der etwa amselgroße Buntspecht macht sich durch fröhliche Rufe und lautes Pochen an Bäume bemerkbar.

Drei Gabelweihen, geschickt die kaum vorhandene Thermik ausnutzend, schweben leicht über der frischgemähten Wiese. In den kurzen Grasstoppeln finden sie gewiß einen reich gedeckten Tisch durch die Schäden, die die großen Maschinen an der Kleintierwelt angerichtet haben.

Aus einer alten Fichte klingt fordernd der Bettelruf junger Buntspechte. Als sich Jäger und Hund leise dem Einflugloch in dem hohlen Stamm nähern, herrscht augenblicklich Ruhe in der Spechthöhle, und aus der Baumkrone warnen die Altvögel leise ihre hungrige Brut.

Vor einem hohen Nadelhaufen verhalten die beiden erneut. Rote Waldameisen haben einen fast

Was Regen-
würmer für Feld
und Wiesen
leisten, sind die
Roten Waldamei-
sen für den Wald:
unermüdliche
Durchlüfter und
Zerkrümeler des
Bodens.
Die Roten Wald-
ameisen sind
außerdem wich-
tige Schädlings-
bekämpfer und
halten als »rote
Waldpolizei« den
Insektenhaushalt
unserer Wälder
in Ordnung.

meterhohen, kuppelförmigen Haufen Spreu zu-
sammengetragen. Ein Kribbeln und Krabbeln
herrscht auf dem Bauwerk! Während der Hund
weiterdrängt, beobachten zwei Menschenaugen
fasziniert, wie die kleinen Insekten weiteres Bau-
material, manchmal vielfach so groß wie sie
selbst, über vergleichsweise gewaltige Hinder-
nisse unermüdlich zu ihrer Burg schleppen.
Wenn ein Volk von Roten Waldameisen in einem
Jahr über eine Millionen Insekten vertilgen will,
muß es auf den Beinen bleiben.
Dem Hund ist das Gewusel unheimlich, er zieht
an der Leine, entfernt sich mißtrauisch, und der
Jäger folgt ihm.

Im lichten Hochwald setzen sich die beiden
an den Fuß einer mächtigen Eiche, die an
einer durch den letzten Sturm entstandenen
Kahlfläche steht.
Der Hund dreht sich ein paarmal mit eingezoge-
ner Rute und krummem Rücken um die eigene
Achse, läßt sich stöhnend auf den Erdboden fallen, rollt sich zusammen und ist bald darauf, den
Kopf zwischen die Pfoten gebettet, fest eingeschlafen.
Solche Kahlschläge üben auf Wildtiere oft eine
besondere Anziehungskraft aus. Hier wachsen
Gräser und Kräuter, die durch intensivere Son-
neneinwirkung wohlschmeckender und zarter
sind als diejenigen, die im Schatten hoher
Bäume gedeihen müssen.
Auch siedeln sich auf solchen Blößen oft Pflanzen
an, die man vorher in diesem Gebiet nie vermutet, geschweige denn gesehen hätte, die immer
nur in Kümmerformen wuchsen oder deren
Samen im Erdboden überdauerten und nun,
gleich nach dem Entstehen einer solchen Fläche,
optimale Bedingungen zum Ausschlagen finden.
Langsam schleicht die Zeit dahin.
Ein Eichkater turnt auf einer Fichte herunter,
kommt vorsichtig, in ruckweisen, kurzen Sätzen
näher und näher, bis er fast die Stiefelspitzen des
Jägers erreicht hat. Mit lautem Keckern dreht der

Die flinken
roten Kobolde
des Waldes
wirken zwar
recht possier-
lich, nehmen
sie aber über-
hand, weil
Marder und
Habicht fehlen,
fügen sie
der Vogelwelt
manchen
Schaden zu.

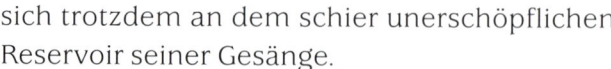

Eine erholsame Frühjahrspirsch gibt dem Jäger auch Aufschluß über den Rehwildbestand in seinem Revier.

neugierige Waldkobold plötzlich um, rast den dicken Stamm einer anderen Fichte empor und verschwindet mit akrobatischen Bewegungen blitzschnell in der dichten Baumkrone.

Eine Singdrossel schmettert unbeschwert ihre optimistisch klingenden Strophen durch den Wald. Zwar ist der hübsche Vogel in den hohen Bäumen nicht zu sehen, aber der Mensch freut

sich trotzdem an dem schier unerschöpflichen Reservoir seiner Gesänge.

Nach wohl einer Stunde Wartezeit nähert sich ganz offensichtlich Wild. Zwar ist noch nichts Auffälliges zu sehen oder zu hören, aber unverkennbar warnt eine Amsel. Als sie verstummt, schimpft kurz ein Eichelhäher, und zwischendurch tickt immer wieder ein Rotkehlchen. All die Vogelstimmen kommen aus derselben Richtung.

Das Vogelgezeter wird lauter, und eine Bewegung in den unteren, trockenen Zweigen einer tiefbeasteten Fichte läßt das Herz des Jägers für Augenblicke schneller schlagen und ihn im Zeitlupentempo sein Fernglas vor die Augen heben. Aber es ist kein Reh – nur ein aufgeregter Zaunkönig schwirrt davon und läßt den Jäger befreit und entspannt aufatmen.

Ein Häher kommt fast lautlos angestrichen und wirft sich, als er die reglosen Gestalten am Erdboden entdeckt, laut krächzend in jäher Wendung fast im rechten Winkel im Flug herum und verschwindet.

Da leuchtet es zwischen den hohen Stämmen rot auf. Ein Stück Rehwild zieht vertraut auf hundert Gänge vorüber. Behutsam wandert das Glas wieder vor die Augen. An manchen Stellen fallen letzte Strahlen der tief stehenden Sonne in schrägen Bahnen durch das Geäst der dichten Baumkronen auf den bemoosten Waldboden. Jedesmal, wenn das Reh in eine solche Gasse hineintritt, scheint es rot aufzuflammen.

In ständigem Wechsel zwischen Schatten und Licht zieht das Stück langsam fort, und als es spitz von hinten steht, ist es am Spiegel leicht als Schmalreh anzusprechen.

Ein weiterer Eichelhäher hat sich unterdessen unbemerkt von Hund und Jäger den beiden genähert und streicht nun davon, das heißt, er huscht, ganz gegen die übliche Art Markwarts, eher heimlich, als habe er ein schlechtes

Gewissen, fort. Wahrscheinlich hat er sein Nest in der Nähe, das er nicht verraten will, denn sonst hätte der bunte Schreihals gewiß das Wild in der Umgebung laut vor der reglos an dem Baumstamm hockenden Gefahr gewarnt. Noch einmal atmet der Jäger deswegen tief durch.

Wieder vergehen geruhsame Minuten entspannten Wartens. Der Hund hatte sich zwischenzeitlich erhoben, aufmerksam in die Runde geschaut, einige Streicheleinheiten von seinem Herrn geholt und dann wieder genüßlich schnaufend auf den Boden gelegt.

Da erscheint wieder ein Reh. Gemächlich zieht es, verdeckt von allerlei Kraut, zügig auf den schlafenden Hund und den aufmerksamen Jäger zu, doch die etwas hastige Bewegung, als das Glas erneut gehoben wird, läßt es mißtrauisch verhoffen.

Stocksteif äugt es in Richtung der beiden »verdächtigen« Wesen und zieht dann unschlüssig, aber aufmerksam äugend, hin und her.

Da erhebt sich der Hund, streckt sich und schüttelt seinen Kopf, so daß die Behänge kräftig klatschen, und laut schreckend springt das Reh ab.

Bevor der wippende Spiegel von dem dichten Unterwuchs verschluckt wird, hat der Jäger das Fernglas vor den Augen. Er kann gerade noch ansprechen, daß es

sich um einen alten Bekannten, den Bock mit verbogenem Gehörn handelt, dem er bereits im vergangenen Jahr erfolglos nachstellte.

Dann ist der Spuk verschwunden, einen aufgeregten Jäger und einen gelangweilt dreinschauenden Hund zurücklassend.

Wieder einmal war der Gejagte gewitzter als der Jäger. Es wird nicht die letzte Begegnung in diesem Jahr gewesen sein, hofft der Mann, als er sich langsam erhebt und mit seinem vierläufigen Helfer leise den heimlichen Einstand verläßt.

Hier bestehen kaum Zweifel, den Finger gerade zu lassen.

IM ERSTEN JUNIMOND

Die Sonne hat alle Strahlen voll zu tun, um das reifen zu lassen, was der Frühling bisher wachsen und gedeihen ließ.

Dabei werden ihre Tage bereits wieder kürzer. Die Morgenröte erscheint später, und die letzten, glänzenden Strahlen der untergehenden Abendsonne verzaubern den Himmel nun von Tag zu Tag früher.

Am Tage aber sengen die heißen Strahlen vom blauen Himmel, und die Landwirte haben bereits alles für die Ernte des Getreides gerichtet. Mitunter sieht man bereits einige Gerstenstoppeln. Das ganze Revier ist für das Wild ein reich gedeckter Tisch, Äsung und Fraß gibt es im Überfluß.

Aber es ist kein Stück auszumachen, träge dösen die Tiere im kühlen Schatten des Waldes oder im Schutz der großen Getreideschläge, und am Tage glauben Uneingeweihte, das Revier sei ausgestorben.

Selbst der wunderschöne Gesang der Mönchsgrasmücke und der sonst unaufhaltsam rufende Laubsänger sind verstummt.

Menschen , Tiere und Pflanzen sehnen sich nach Kühle und Wasser. Erst nachts erwacht das Leben in Wald und Feld wieder.

Dann kriecht und krabbelt, schleicht und schmatzt, trippelt und trappelt, raschelt und poltert, hoppelt und summt es aus dem Dämmerdunkel der Dickungen hinaus auf die taufeuchten Wiesen und in das satt machende Getreide, wo in der nächtlichen Kühle keine Mücken, Fliegen, Schnaken oder anderen blutgierigen Plagegeister das Wild beim Äsen stören. Mit dem stechenden Insektenvolk hat das Schwarzwild zwar kaum Probleme, aber gerade den Sauen ist zu dieser Jahreszeit besonders schwer beizukommen.

Die ersten Morgen- und späten Abendstunden hatte der Jäger in den letzten Tagen an den Feldrändern gesessen, um die Wildschäden zu begrenzen.

Erfolglos, keine Borste hatte er zu Gesicht bekommen. Dabei war an den Schäden, den die Schwarzkittel jede Nacht aufs neue anrichteten – besonders im Hafer, der in der Milchreife steht –, unschwer festzustellen, wo sie sich aufhalten.

Doch dann beginnt sich der Mond von Aufgang zu Untergang zu runden. Stand erst noch eine schmale Sichel früh am Abendhimmel, wurde er von Tag zu Nacht runder und scheint nun hell und klar vom leicht bewölkten Firmament.

Der sanfte, laue Wind spielt mit den Wolken, und dieser Schabernack spiegelt sich auf dem Erdboden wider.

Helligkeit, dann wieder Dunkel, Jagd und Stillstand. Wie in übermütigem Spiel wachsen Licht und Schatten, wandern, verschwinden, erscheinen erneut, um im Nichts zu verschmelzen. Schon eine Stunde lang harrt der Jäger auf seinem Dreibein, den Hund neben sich abgelegt, am Haferfeld, genießt die Ruhe der Nacht und die kühle, würzige, nach frischgemähtem Gras duftende Luft.

Der Acker gleicht einem Schlachtfeld. Drei Viertel der Frucht sind niedergewalzt, und nur wenige Haferbüschel auf der großen Fläche blieben aufrecht stehen.

Zwei Hasen hoppeln über den Weg.

Die wogenden
Weizenfelder
bieten auch dem
Rehwild nun
Deckung und
Äsung im Über-
fluß.

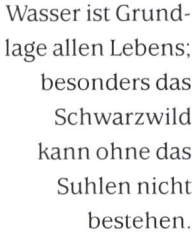

Wasser ist Grundlage allen Lebens; besonders das Schwarzwild kann ohne das Suhlen nicht bestehen.

In der Ferne schreckt Rehwild. Schnaufend erscheint ein Dachs, um in dem Haferschlag zu verschwinden. Schmatzend und raschelnd, als sei eine Rotte Sauen im Gebrech, kann man seinen Paß noch lange mit den Ohren verfolgen.

Ab und an ruft ein Kauz oder schlägt eine Wachtel, aber Schwarzwild läßt sich nicht blicken.

Voller Hoffnung hatte der Jäger seinen Posten bezogen, aber nun bewegt sich der Zeiger der Uhr unaufhaltsam vorwärts, der Mond sinkt tiefer, und nichts deutet auf die Anwesenheit von Sauen hin. Immer wieder hatte er mit dem Fernglas die Felder, den Kartoffelschlag zu seiner Linken, den Rübenacker rechts und natürlich das große Haferfeld vor sich abgeleuchtet.

Enttäuscht mußte er jedesmal den Feldstecher wieder sinken lassen. Keine Bewegung konnte er weit und breit ausmachen.

Der Hündin ist das Starren in das diffuse Licht schon lange zu eintönig geworden. Sie liegt neben ihrem Herrn und schläft.

Plötzlich erhebt sie sich.

Am gegenüberliegenden Rand des riesigen, plattgewalzten Haferfeldes sind auf knapp dreihundert Meter vier gleichstarke dunkle Punkte erschienen. Schwarzwild!

Zu dieser Jahreszeit und in dieser Formation kann es sich nur um Überläufer handeln, geht es dem Jäger durch den Sinn. Er überlegt, die vier anzupirschen, da das Mondlicht langsam schwindet und die Sauen nicht näher kommen, sondern unbekümmert am anderen Ende des Feldes Fraß aufnehmen.

Mal ist der Mond halb zu sehen, mal nur zu ahnen. Dann wieder hetzen Wolkenfetzen über den Himmel, lassen entweder helles Licht bis zum Erdboden durch oder verschleiern die goldene Laterne des Erdtrabanten. Die Schatten wirken grotesk. Der Hund wird abgelegt und in flüsterndem Ton noch einmal ermahnt. Ein kurzer Wettlauf mit dem schwindenden Licht beginnt.

Gebückt bewegt sich eine menschliche Gestalt auf die Schwarzkittel zu, immer wieder bemüht, die spärliche Deckung aufrecht stehender Büschel von Haferhalmen zwischen sich und das Wild zu bringen. Aber die Sauen äugen nicht sonderlich scharf, und da der leichte, laue Nachtwind ungünstig für sie steht und die unvermeidlichen Geräusche, die der Jäger bei seiner Pirsch über das trockene Halmenmeer verursacht, fortweht, kommt er zügig näher.

Immer wieder dreht er sich vorsichtig nach dem Hund um. Der hat sich inzwischen erhoben, sitzt gespannt auf seinen Keulen und beobachtet seinen Herrn.

Die Entfernung zwischen Wild und Jäger verringert sich. Unbesorgt genießen die vier Überläufer die milchigen Haferkörner, brechen und schmatzen dabei und bewegen sich langsam auf den Jäger zu.

Als sie nur noch achtzig Gänge entfernt sind, geht der Jäger im liegenden Getreide in die Knie, setzt sich schließlich behutsam, die Büchse im Anschlag auf den Knien, einen der Kujels klar im Zielfernrohr und wartet, daß er breit steht.

Im Schuß stürmen die vier Sauen davon.

Während drei von ihnen schon Sekunden später vom Waldschatten verschluckt werden, wird der Beschossene nach fünf, sechs Fluchten langsamer und bricht dann im letzten Licht des Mondes zusammen.

Für den Hund waren die vergangenen spannenden Minuten zu aufregend, und die Passion war mit ihm durchgegangen. Rutewedelnd steht er plötzlich neben dem Schützen.

Gemeinsam gehen sie dann zu ihrer Beute.

Ein schwacher Überläufer ist es, der auf dem zertretenen Halmenmeer liegt, dreißig Kilogramm mag er wiegen, aber die Freude über die Beute wiegt dreimal soviel.

Rauh, aber
herzlich geht es
in einer Schwarz-
wildrotte zu.
Im Wald werden
die Schwarzkittel
nun gerne gedul-
det; ziehen sie
aber auf die
Felder, muß der
Jäger eingreifen.

PIRSCH DURCH DEN JULI

Mittsommerzeit – die Natur befindet sich in einem ganz besonderen Stadium, das geprägt ist von Höhepunkten. Die meisten Bäume und Büsche, Sträucher, Stauden und Gräser haben ihr Wachstum für dieses Jahr beendet. Der »Junitrieb« ist durch, alles Holz hat seine Länge, alles Kraut seine Höhe, und das Grün wächst dem Wild förmlich in den Äser.

Die Hecken sind oft immer noch eine einzige Blütenpracht, besonders schön leuchten die roten Heckenrosen. Blaßrosa Brombeerblüten zieren den Wegrain und Wolken weißer Holunderblüten die Landschaft.

Sommerliche Farbtupfer am Wegesrand: blühende Heckenrosen aus denen schon bald rote Hagebutten werden, und Kornblumen.

Noch singen Mönchsgrasmücke und Gartenspötter, krakeelen Teich- und Schilfrohrsänger.

Hohe Stauden des Fingerhuts klettern die Hänge hinauf, und zwischen den nickenden, pollenschweren Grasähren steht saftiger, blühender Klee.

»Im Juli muß vor Hitze braten, was im September soll geraten«, und »Ist der Juli kühl und naß, leere Scheunen – leeres Faß«, heißen zwei alte Bauernregeln. Auch ein Blick in den Jagdschein zeigt es: Die Palette des jagdbaren Wildes ohne Schonzeit ist bereits beträchtlich. In Wald und Feld steht nun die Ernte vor der Tür.

In Gebieten mit hohen Schwarzwildvorkommen genießt die Bejagung der Sauen an gefährdeten landwirtschaftlichen Kulturen Vorrang. Nur so sind höhere Wildschäden, die sich recht negativ auf die Jagdkasse auswirken können, zu verhindern. Selbst speziell für das Wild geöffnete Flächen, Wildäcker und Ablenkfütterungen helfen mitunter nur wenig. Die Frucht der großen Mais- und Getreideschläge bietet reichhaltige Deckung und Äsung in Hülle und Fülle.

In einem Roggenfeld leuchten blau die Köpfe der Kornblumen, und inmitten des benachbarten Weizens flammt der tiefrote Klatschmohn ins Auge. Die großen Blüten sind ein wunderhübscher Farbklecks zwischen den sich gerade

Es würde etwas in dem Weizenfeld fehlen, leuchteten dort nicht die scharlachroten Blüten des Klatschmohnes.

Eines haben die braunen Sänger im Rohr alle gemeinsam: Unermüdlich klingt ihr Gezwitscher und Geplauder aus dem dichten Röhricht.

Hocken, in langen Reihen nebeneinander, lassen
die öden, einsamen Felder noch einmal lebendig werden.
Ein fast vergessener Anblick, denn maschinelle Ernte-
methoden haben die mühsam von Hand gebundenen und
aufgestellten »Hocken« weithin verdrängt.

verfärbenden Getreidehalmen. Und noch etwas Rotes leuchtet faszinierend aus dem Getreide: ein heimlicher Rehbock – um ihn kreisen in dieser Jahreszeit vor allem die Gedanken des Jägers. Während Dachs und Marder ranzen, ältere Rothirsche nun beginnen, ihr Geweih zu verfegen, und besonders heimlich sind, steht das Rehwild in der hohen Deckung. Die Böcke halten zu dieser Jahreszeit normalerweise bis zur Blattzeit am Ende des Monats fast auf die Minute genau ihre Äsungszeiten ein. Es ist die Zeit der berühmten »Zehn-Minuten-vor-sieben-Böcke«.

Noch sind auch sie heimlich, aber die Brunft und mit ihr die Blattzeit kommt näher, und wenn die ersten Gerstenschläge gemäht sind, beobachtet man ab und zu schon einen suchenden und dann auch einen treibenden Bock.

Doch mit dem Blatten ist noch keine Eile geboten, eher ist es schädlich für das Revier, schon jetzt auf einen Bock zu hoffen; meistens stehen die alten Herren erst zum Ende ihrer hohen Zeit, in der zweiten Augustwoche, auf das Blatten zu.

REH ODER HIRSCH?

In der zoologischen Systematik werden die Rehe kurioserweise zu den »Neuwelthirschen« gezählt. Tatsächlich leben sie aber nur in Europa und manchen Teilen Asiens. In der »Neuen Welt« selbst gibt es keine Rehe.

Auch die Bezeichnung »Hirsch des kleinen Mannes« ist irreführend, denn Rehe haben wenig mit Hirschen gemeinsam, vieles ist eher gegensätzlich.

So leben Hirsche normalerweise gesellig, wohingegen Rehböcke meist griesgrämige Einzelgänger sind.

Rehe äsen wählerisch bestimmte Gräser, Kräuter und Knospen, Rotwild dagegen grast mehr oder weniger wahllos und beweist wenig Feinschmeckersinn.

Der Zyklus der Geweihentwicklung beider Arten verläuft im Jahreslauf völlig gegensätzlich: Wenn der Hirsch abwirft, hat der Bock gerade wieder geschoben und jagt anschließend jeden Eindringling aus seinem Einstand, während Rothirsche, sind sie blank, noch bis zur Brunft friedlich in Rudeln mit ihren Artgenossen zusammenleben.

Auch wenn sie noch nicht gefegt haben – ein imposanter Anblick...

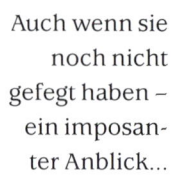

...während das aufmerksame Kahlwild einen sichtlich weniger „majestätischen" Eindruck macht.

RUND UM DAS »BLATTEN«

In der Paarungszeit dem Wild nachzustellen, also seine stärksten Naturtriebe, den Selbsterhaltungs- und den Geschlechtstrieb auszunutzen, um es zu erlegen, ist stets – auch bei Jägern – umstritten gewesen. In einigen Ländern Europas mit langer jagdlicher Tradition ist es aus ethischen Motiven sogar grundsätzlich verboten, in anderen erlebt die Jagd während der Brunft ihre Höhepunkte.

Friedrich von Gagern, Vorbild für viele Rehbockjägergenerationen, lehnte die Blattjagd als unwaidmännisch ab. In seinem 1925 erschienenen Buch *Birschen und Böcke* heißt es: »Mein Großvater, weidgerecht nicht nur bis ins innerste Herz hinein, duldete

Er ist auf das Blatten zugestanden...

nicht, daß das Wild in seiner hohen Zeit durch Schuß und Schlich beunruhigt, daß es in seinen heiligsten und natürlichsten Daseinsrechten gestört, gekränkt, betrogen werde. Fürwahr, Friede und Ruhe sollten dem Wilde gewährt werden, solange sein Frühling blüht, seine hohe Zeit«.

Auch der bekannte Jäger und Jagdschriftsteller Paul Graf Palffy schreibt 1967 in *Ewig lockende Wildbahn* über die Blattjagd: »Ich bin kein Freund dieser beliebten Jagdart. Mit dem Hirschruf überlisten wir Eifersucht, nicht den direkten Geschlechtstrieb, letzteres zu tun, hat meinem Gefühl nach einen Schönheitsfehler«.

Und viele andere Rehbockjäger, die sich einen Namen gemacht haben, äußern sich ebenfalls skeptisch über die Blattjagd.

In *Ein Mensch ging auf die Jagd* meinte Hans Krieg 1967 über das Blatten:

»Ich merke es sofort, wenn vor mir einer im Revier geblattet hat, und verdamme diesen Unfug des Blattens an allen Ecken und Enden. Er vergrämt das Wild und führt zu Fehlschüssen. Blatten ist, mit Maßen ausgeführt, sehr hübsch, wenn man seinen Kindern ein Rehlein zeigen will, ansonsten ist es eine Eselsbrücke der Zeitschießer und Dutzendschießer. Was schert es mich, ob die Böcke springen! Ich nehme mir Zeit und bringe sie zur Strecke, besser und richtiger ohne diese aufgeregte Fieperei, die doch eigentlich recht schofel ist, und bei der gerade das fehlt, was ich bei der Jagd liebe: die Beschaulichkeit.«

Tatsächlich benutzt der Jäger ja gewisse technische oder natürliche Hilfsmittel, mit denen er das Wild heranzulocken, zu reizen, versucht und

... nun darf der Jäger keine un-vorsichtige Bewegung machen, sonst hat er gegenüber dem Bock das »Nachsehen«.

mit denen er, wenn er sein Handwerk versteht, einen gewissen Einfluß ausüben kann. Zweifellos verschafft er sich gegenüber dem Wild mit einem Lockinstrument wie der Blatte eine weitere, überlegene Machtstellung, die ihm beim bloßen Pirschen oder Ansitzen nicht zur Verfügung steht.

Junge Böcke, vor allem Jährlinge, springen normalerweise recht unbefangen auf das Blatten. Weniger erfahren, sind sie einfacher zu überlisten und nicht so mißtrauisch wie reife Böcke. Um erfolgreich zu blatten und auch den heimlichsten alten Bock zu täuschen, gelten einige Gebote: Wichtig für diese nach meiner Meinung reizvolle Jagdart ist, der Farbe der Umgebung angepaßte, unauffällige Kleidung zu tragen. Man sollte keine zu stark vergrößernde Optik verwenden, da der Bock dem Jäger meistens sehr nah kommt.

Gute Sicht und freies Schußfeld gehen vor Deckung, da man oft sehr schnell reagieren muß.

Es ist ratsam, den Bock aus dem Hellen ins Dunkle zu locken, nie umgekehrt, und nicht direkt im Einstand zu blatten. Der Jäger sitzt oder steht beim Blatten vom Boden aus vor dem Baum, nie dahinter und sollte vor und nach dem Blatten mindestens fünfzehn Minuten warten, damit in der Nähe stehendes Wild nicht vergrämt wird.

Erfolg verspricht, den treibenden Bock mit dem zarten Kitzfiep, den Suchenden mit dem Geschrei zu locken.

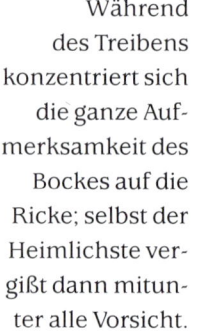

Während des Treibens konzentriert sich die ganze Aufmerksamkeit des Bockes auf die Ricke; selbst der Heimlichste vergißt dann mitunter alle Vorsicht.

Frisches Buchenlaub liefert dem Blattjäger das Handwerkszeug für seine „Musik vom Baum".

MUSIK VOM BAUM

Bis die erste Dämmerung die Augen des Jägers trifft und der erste Vogelruf seine Ohren erreicht, wird noch viel Zeit vergehen. Nebelschwaden geistern über die Wiese, an deren Rand er sitzt und auf das Austreten von Wild wartet.

Dann beginnen Nacht und Morgen miteinander zu ringen, die Helligkeit verdrängt ganz langsam das Dunkel, und die Sonne setzt an, das große Wiesental mit Licht und Farbe zu erfüllen. Vogelstimmen bringen, erst zaghaft, dann immer lauter, Leben in das vergehende nächtliche Schweigen.

Sobald die Sonne höher steigt, ihre Strahlen zu wärmen beginnen, nimmt der Jäger das Buchenblatt an die Lippen, und leise schallt es »piä, piä« durch die frische Morgenluft. Der täuschend ähnlich nachgeahmte Ruf einer brunftigen Rehgeiß verhallt aber scheinbar ungehört. Nach einem zweiten erfolglosen Versuch, nach halbstündiger Wartezeit, pirscht der Jäger vorsichtig weiter zu einem anderen Stand. Hier hatte er mehrfach einen alten Bock beobachtet, hofft nun, ihn dieses Mal mit seiner »Musik vom Baum« zu überlisten.

Es ist inzwischen wärmer geworden. Auf einer Wiese treibt ein jüngerer Bock eine Ricke. Immer größere Schleifen ziehen die beiden, mitunter scheint der Windfang des Bockes am Feuchtblatt der Ricke zu kleben. Dann tun sich die beiden Stücke nieder, die Ricke steht aber schon nach wenigen Minuten wieder auf und beginnt zu äsen, während vom ruhenden Bock nur das Haupt im hohen Gras zu sehen ist.

Als sich die Geiß weiter entfernt, erhebt aber auch er sich, und erneut geht die Jagd über die Wiesen.

Verführerisch leuchten die glänzenden Früchte der Roten Heckenkirsche, aber die bitteren Beeren sind ungenießbar.

Die Specht-
meise, sie wird
auch Kleiber
genannt, weil
dieser kleine
Vogel das Ein-
flugloch seiner
Nisthöhle bis auf
einen kleinen
Eingang zuklebt
(zukleibt).
Er ist der einzige
heimische
Vogel, der
kopfunter den
Stamm herab-
klettern kann.

Hier wird kaum ein älterer Bock stehen, und so geht die Pirsch weiter in den kühleren Wald. Der angenehme, süße Duft des Geißblattes läßt den Jäger tief durch die Nase einatmen. Nicht lange jedoch, denn es stehen Stinkmorcheln unter den alten Eichen. Aber auch deren wenig angenehmer Geruch verfliegt mit jedem Schritt.

Zwischen den dichten Baumkronen schwebt ein Mäusebussard lautlos davon. Ein unbefangener Spaziergänger hätte das heimliche Abstreichen wahrscheinlich gar nicht bemerkt.

Schließlich setzt sich der Jäger an den Fuß einer mächtigen Kiefer, obwohl er in der Nähe einen Hochsitz weiß. Denn ältere Rehböcke wissen die Herkunft der Fieptöne genau zu orten und werden oft mißtrauisch, wenn man vom Hochsitz aus blattet.

In der Nähe schimpfen Kleiber, und ein Ringeltauber ruft. Der heimliche Vogel ist ein Zeichen dafür, daß der Jäger seinen Sitz verhältnismäßig unauffällig und vom Wild unbemerkt erreicht hat. So braucht er nicht lange zu warten, bis er wieder das Blatt an die Lippen führen kann.

Auf die ersten vorsichtigen Fieptöne regt sich nichts um ihn herum, doch als er nach zehn Minuten wieder mit seiner Musik beginnt, leuchtet es rot zwischen den hohen Baumstämmen auf.

Ein Bock kommt herangeprescht, verhofft auf siebzig, achtzig Gänge, äugt mit hoch erhobenem Träger umher, sucht dann mit dem Windfang tief am Boden und verschwindet schließlich wieder.

Noch einmal klingt es laut durch das raume Altholz »piä - piä«, und noch einmal erscheint der Bock, kommt suchend näher, und als er wiederum verhofft, zerreißt ein lauter Büchsenknall den trügerischen Frieden des Waldes.

Ein Eichelhäher streicht lärmend davon, während der Schütze, von riesigen Mückenschwärmen umschwirrt, zufrieden den alten Bock aufbricht.

Als er seine Beute schultert und durch das Stangenholz den nächsten Weg zu erreichen sucht, brennt die Sonne fast erbarmungslos vom wolkenlosen Himmel. Auf dem mühseligen Heimweg hört er einen anderen Bock stürmisch durch das Altholz treiben, daß das Prasseln der Fluchten weithin zu hören ist.

Dann wird die wilde Jagd langsamer, und schließlich, der Schuß ist kaum eine Stunde verhallt, beschlägt der Bock die Ricke.

»Der König ist tot, es lebe der König!«

Mit Bedacht ausgewählt: Wahrscheinlich ein idealer Blattstand.

Pirsch durch den

August

In allen Gärten erfreuen die gelb leuchtenden Sonnenblumen Menschenauge und Vogelschnabel. Die Ebereschen tragen nun ihre tiefroten Früchte, die Hagebutten der Heckenrosen machen es ihnen nach, und dazwischen locken bereits köstliche, schwarze Brombeeren. Noch schlagen die Wachteln, zwitschern die Schwalben, singen die Bachstelzen und Stieglitze, aber die Stimmen der gefiederten Sänger werden bereits von Tag zu Tag spärlicher.

Eines Morgens kommt dann der riesige Mähdrescher, frißt sich in den Schlag, und zwei Tage später ist die Ernte, die früher Wochen dauerte, geschehen. Alle Tiere, die in dem Schutz des Halmenmeeres groß geworden sind, kostet die Umstellung aus der Geborgenheit der Weizen-, Roggen-, Hafer- oder Gerstefelder in die deckungsarmen verbliebenen Kartoffel- und Rübenschläge erhebliche Verluste.

»Ist's im August recht trocken und heiß, so lacht der Bauer in vollem Schweiß«, weiß eine alte Bauernregel.

Auf den Feldern ist die Ernte der Bauern in vollem Gang. Auch die Ernte des Jägers beginnt, vorerst aber noch im Wald, auch wenn das Schwarzwild in diesem Monat besonders aktiv auf den Mais- und Hackfruchtschlägen ist. Es muß, bevor es zu stark zu Schaden geht, bejagt und reduziert werden.

»Wenn die Vogelbeeren rot werden, zieht der Hirsch in die Feiste«, besagt eine Jägerweisheit. Am 1. August geht die reizvolle Jagd auf den nun besonders heimlichen Rothirsch auf, in der ersten Augusthälfte ist normalerweise die Blattjagd auf den brunftenden Rehbock am erfolgreichsten, und Gänse dürfen in diesem Monat ebenfalls schon bejagt werden.

»Kirchgang« nennt es der Jäger, wenn die Hirsche morgens vertraut von den Äsungsflächen in ihren Einstand zurückziehen.

Auf den Feldern herrscht nun durch die Getreideernte große Unruhe. Rattern und Klirren erfüllt die Luft, dichte Staubwolken stieben auf, und das Wild muß sich in den schützenden Wald zurückziehen.

SPÄTBRUNFT

»Ernting« wurde der Monat August früher genannt, wohl weil in diese Zeit die Ernte des Brotgetreides fällt. Vielleicht aber hat bei der Namensgebung auch jemand daran gedacht, daß es ebenfalls die Zeit ist, in der die Haupternte des Hegers beginnt, auch wenn die Rehbrunft sich ihrem Ende zuneigt. Die »Hohe Zeit« des Rehwildes fängt gegendweise nämlich bereits Mitte Juli an und dauert bis in das erste Drittel des August. Je südlicher man kommt, desto länger zieht sie sich hin.

In den Alpenregionen beobachtet man mitunter sogar noch in der zweiten Hälfte des achten Monats treibende Rehe.

Aber auch in nördlichen Revieren sind die Böcke dann manchmal noch in Brunftstimmung, ziehen suchend umher, entfernen sich auf ihren Wanderungen kilometerweit von ihren angestammten Einständen und stehen auf die verführerischen Locktöne des Jägers temperamentvoll zu, obwohl die meisten Ricken bereits längst beschlagen sind.

Der Jäger muß sich, will er nicht nur zufallsbedingten, sondern geplanten, vorhersehbaren Erfolg haben, stets in die Lage seines Wildes und in bestimmte Naturabläufe hineinversetzen. So ist es auch gut zu wissen, daß die nahezu verklungene Brunftzeit die beste Blattzeit ist. Der erfahrene Jäger weiß es und schmunzelt, als er auf seiner Frühpirsch auf weite Entfernung einen Bock eine Ricke treiben sieht. Immerhin geht der August langsam zu Ende, und Rehwild, das zu dieser fortgeschrittenen Jahreszeit noch brunftet, ist recht ungewöhnlich, gehört keineswegs zur

Tagesordnung. Die Jagd der beiden Rehe währt aber nur kurz, dann tut sich der Bock nieder. Er ist »reif« – um dies zu erkennen, bedarf es nicht des stark vergrößernden Doppelglases.

Im hohen Gras sind lediglich sein Kopf und ein kurzes Stück des Trägers zu sehen, aber das genügt. Soviel kann der erfahrene Waidmann nämlich problemlos ansprechen: Es ist kein »Fremder« sondern sein »alter Bekannter«, ein Sechser, der dort im hohen Gras ruht und der sich in der Hochbrunft sämtlichen Nachstellungen erfolgreich entzogen hatte.

Während die Ricke unbeteiligt weiterzieht, versucht der Jäger, sich den beiden unauffällig zu nähern. Am Rande der großen Wiesenfläche schleicht er in der Deckung bereits schattenspendender dünner Erlenstämme auf die zwei zu. Vorsichtig – der Pfad ist bedeckt mit allerlei trockenen Ästchen und Zweigen, die es geschickt zu umgehen gilt – kommt der Mann den beiden Stücken

Die Stunde der Besinnung nach erfolgreicher Blattjagd.

langsam näher. Eine Mönchsgrasmücke begleitet seine behutsame Pirsch mit ihrem abwechslungsreichen Liederrepertoire.

Seine Konzentration gilt vorerst noch dem weiblichen Stück, das unruhig immer wieder aufwirft und sichert, während der Bock, erschöpft von dem vorangegangenen Treiben, vor sich hin döst und anscheinend neue Kraftreserven sammelt. Er ist so abgebrunftet, daß er von seiner Umwelt kaum etwas mitzubekommen scheint.

Die Geiß verhofft erneut, und plötzlich steht, wie aus dem Erdboden gezaubert, ein Kitz neben ihr. Gebannt beobachtet der Jäger die säugende Ricke mit ihrem Nachwuchs, ein Bild des Friedens und der Harmonie.

Hoch, fast unter den Wolken, hassen zwei Krähen auf einen Mäusebussard. Die aufgeregten Rufe der beiden Rabenvögel im blauen Himmel machen den Jäger erst auf die Attacken gegen den sonst so schwerfällig wirkenden Greif, der sich mit geschickten Schwingenschlägen gewandt den Angriffen zu entziehen versteht, aufmerksam. Bald sind die Vögel wieder verschwunden, und als die Objektive des Fernglases wieder Richtung Bock wandern, erhebt sich dieser gerade und beginnt dann erneut zu treiben.

Es ist aber keine wilde Jagd mehr, so wie es noch vor wenigen Wochen zu beobachten war, als die Rehe in großen Kreisen stürmisch über die Wiese flitzten; eher müde, unkonzentriert wirkt das Paarungsritual. Schon nach wenigen Minuten tun sich beide Stücke wieder nieder.

Die Lauscher der Ricke spielen noch für einige Momente nervös über dem Halmenmeer, dann sind beide Rehe nicht mehr zu sehen, im Gras weggetaucht, und die große Fläche macht den Eindruck, als sei sie von Wild entblößt.

Natürlich läßt der Jäger sich nicht täuschen und nutzt die günstige Gelegenheit, um leicht gebückt noch näher zu schleichen, bis er an einen stärkeren Erlenstamm gelangt, der notdürftig Deckung gibt.

Nur wenige Minuten wartet er. Den Bock mit den Fieptönen eines weiblichen, brunftigen Stückes Rehwild von der offenbar spätbrunftigen Ricke wegzulocken, dürfte kaum glücken, und daher erschallt erst recht zart – und als sich bei den Rehen keine merkbare Reaktion zeigt – dann lauter und fordernder ein Kitzfiep über die Wiesen.

Nichts regt sich, nur die Grasmücke zwitschert ununterbrochen eine Strophe nach der anderen.

So greift der Jäger zu einer anderen List. Auf seiner Blatte ahmt er den Sprengruf nach. »Piää – piää«, schallt es plärrend über die Wiese. Und noch einmal »piää – piää«, so, als würde eine Ricke von einem Bock in arge Bedrängnis gebracht, klingt es. Das ist dem alten Platzbock zuviel.

Offensichtlich vermutet er einen Rivalen, der in seinen Einstand eingedrungen ist. Abrupt erhebt er sich und äugt gebannt in die Richtung des Jägers.

Als dieser weitere so erregende Töne aus seiner Blatte hervorpreßt, kommt der Alte in hohen Fluchten auf den vermeintlichen Gegner zugeprescht und verhofft erst zwanzig Gänge vor dem Erlenstamm.

Im selben Moment erhält er auch schon die tödliche Kugel, die ihn augenblicklich zusammenbrechen läßt.

Das Gräsermeer liegt wieder fast ruhig, als sei nichts gewesen nur der Wind spielt mit den Spitzen einiger zarter Grashalme.

Die Grasmücke hat der laute Knall des Schusses kaum gestört. Unbeirrt zwitschert sie weiter, als wolle der kleine Vogel seiner Lebensfreude an diesem sonnigen Augustnachmittag besonders Ausdruck verleihen.

Für den Jäger aber sind es aufwühlende, aufregende, für lange Zeit unvergeßliche Minuten gewesen.

Ihnen schließt sich eine lange und besinnliche Zeitspanne an, in der er erfüllt und dankbar Rückschau auf ein spannendes Erlebnis während der Spätbrunft hält.

OHNE HUNDE GEHT ES NICHT

Was wären der Jagdbetrieb und all die jagdlichen Freuden ohne den guten Hund! Schon unsere Vorfahren prägten den Spruch:

> »Jagen ohne Büchs ist nix!
> Jagen ohne Hund ist Schund
> Gute Büchs und guter Hund,
> Müssen immer sein im Bund.«

Aber nicht nur der reine Jagdbetrieb fordert den Hund mit der guten Nase. Immer mehr Wild wird Opfer des Straßenverkehrs, und so sind Herr und Hund zunehmend gefordert, wenn es gilt, ein angefahrenes Stück zu finden.

Wer sonst sollte bereit sein, ein verletztes Tier bei oft unwirtlicher Witterung durch dick und dünn zu verfolgen und notfalls von seinen Qualen zu erlösen. Auch hier war es so.

Unverhofft hatte, wie der Fahrer des Autos schildert, im dichten Nebel »ein großes Tier« die Fahrbahn gekreuzt. Im grellen Scheinwerferlicht konnte er die hell leuchtenden grünen Lichter zwar noch sehen, aber wegen zu hoher Geschwindigkeit nicht mehr rechtzeitig bremsen.

Ein dumpfer Aufprall, der Wagen wird nach links, das Tier nach rechts geschleudert. Das

»Jagen ohne Hund ist Schund« bei der Wasserjagd schreibt der Gesetzgeber den Einsatz tauglicher Hunde sogar zwingend vor.

Er hat zum erlegten Dam-tier gefunden. Nun wartet er auf das »Genos-senmachen«.

Nach Zu-
sammenstößen
zwischen Auto
und Wild ist der
Jäger mit seinem
ausgebildeten
Schweißhund
besonders
gefragt.

Auto kommt schließlich im Straßengraben zum Stehen, es ist nichts Ernsthaftes passiert. Wirklich nicht?

Wenige Minuten später: wildparkende Autos an der Unfallstelle, blinkende Warnleuchten, aufgeregte Stimmen, Hektik, ein fast gespenstisches Bild.

Obwohl der Blechschaden am Fahrzeug bemerkenswert ist, konnte das »große Tier« entkommen.

Am Auto finden sich Blut- und auf der Straße Bremsspuren. Hier kann nur noch ein Fachmann mit seinem guten Hund helfen.

Endlich trifft der herbeigerufene Jäger ein.

An der Stoßtange findet er ein paar Haare, und für den erfahrenen Hundeführer besteht kein Zweifel: Irgendwo im dunklen Wald liegt das schwer verletzte Stück.

Weil Wild bei Zusammenstößen mit Autos oft nur innere Verletzungen oder Knochenbrüche erleidet, die keinen Schweiß liefern, ist die bevorstehende Nachsuche für den Hund besonders schwierig.

An der Unfallstelle angesetzt, nimmt er intensiv Witterung auf und führt dann seinen Herrn durch den Straßengraben in den dichten Bestand.

Zweige schlagen dem Jäger ins Gesicht. Mühselig und nur langsam kriecht er unter dichtem Gestrüpp entlang, zwängt sich gebückt zwischen den jungen Stämmen hindurch und hängt sich verbissen an seinen vorwärtsdrängenden vierläufigen Helfer. Der hat seine Nase tief am Boden und folgt unbeirrt einer für das menschliche Auge nicht sichtbaren Fährte auf der dichten Nadelspreu.

Kein Tröpfchen Schweiß, kein Pirschzeichen gibt eine Bestätigung darüber, daß der Hund die richtige Fährte hält.

Endlich lassen die beiden die Schonung hinter sich, kreuzen einen breiten Weg, und nach bangen Minuten erhält der Jäger Gewißheit: Deutlich

steht die Fährte eines Stück Kahlwildes im Sand. Aber nur drei Läufe hat das Tier aufgesetzt, wie der erfahrene Jäger aus dem feuchten Boden liest. Und weiter geht die Suche durch raumes Kiefernholz. Der Hund liegt stramm im Riemen.

Nach einer schweißtreibenden halben Stunde wird der Riemen plötzlich schwach. Der Hund verhält mit hoher Nase, und schon bricht ein Stück Wild vor den beiden fort. Jäger und Hund stehen an einem noch warmen Wundbett.Flugs wird der Hund von seiner Halsung befreit und verschwindet mit jubelndem Hetzlaut in der angrenzenden Dickung.

Der Jäger lauscht dem sich entfernenden Geläut nach. Bange Minuten vergehen, doch dann erklingt dunkler Standlaut. Der Hund hat das kranke Stück gestellt.

Vorsichtig schleicht der Jäger, seine Büchse in der Hand und unter Beachtung des Windes, auf den Bail zu. Nach kurzer Zeit erblickt er seinen braven Hund, der pausenlos das angefahrene Stück verbellt, bis dieses durch einen Schuß von seinen furchtbaren Qualen erlöst werden kann.

Von der sorgfältigen Untersuchung des Anschusses hängt oft Erfolg oder Nichterfolg einer Nachsuche ab. Große Erfahrung von Hund und Führer sind gefragt.

GÄNSESEGEN

Mit dem Wetter ist es ähnlich wie mit dem Glücksspiel: Es ist immer für Überraschungen gut.

Der preußische General Karl von Clausewitz, der das Kriegsführen zu einer Wissenschaft erhob, behauptete, daß das Wetter auch in die genialsten strategischen Pläne ein Element des Zufalls einführt.

Was für Feldherren gilt, ist auch für Jäger gültig, besonders für Gänsejäger.

Nebel, Regen, tiefhängende Wolken und Wind sind ideale Voraussetzungen für erfolgreiche Gänsejagd.

Bei klarer Witterung fliegen die Vögel nämlich recht hoch, unerreichbar für die Schrotläufe. Ist es dagegen bewölkt oder diesig, kommen sie tief und sind einfacher zu überlisten.

Bis die Sonne aufgeht und die ersten Vogelstimmen den nahenden Morgen ankündigen, ist noch viel Zeit. Dann ruft ab und zu eine Wachtel, zwischendurch meldet sich kurz eine Feldlerche, und allmählich wird es heller.

Der Jäger sitzt tief geduckt in den Brennesseln am Feldrain und wartet darauf, daß die Graugänse zur Äsung vor ihm auf der Saat einfallen. Die schlauen Vögel bleiben über Nacht meistens nicht auf dem auflaufenden Getreide. Wahrscheinlich sind es Mißtrauen und schlechte Erfahrungen, die von einer Gänsegeneration an die nächste weitergegeben werden. Kurz vor Einbruch der Dunkelheit streichen sie nämlich normalerweise zum Wasser, um erst zu ihren Äsungsplätzen zurückzukehren, wenn es wieder Tag wird.

Endlich erklingen Gänserufe und beschleunigen den Pulsschlag des Jägers. Immer deutlicher, immer lauter werden die Schreie, kommen stetig näher.

Noch aber ist es zu dunkel, als daß das menschliche Auge die Langhälse wahrnehmen kann. Trotzdem geht der suchende Blick immer wieder zum bedeckten Himmel.

Und dann sind die Gänse auf einmal über dem wartenden Jäger. Fünf große Keile gleiten dahin, werden langsamer, kommen tiefer, kreisen, allerdings viel zu weit für einen sicheren Schuß, und fallen schließlich auf der Saat ein.

Dreihundert Meter entfernt sichern sie aufmerksam, bis ein hochaufgerichteter Hals nach dem anderen verschwindet und die Vögel bis auf einige Wächter unbekümmert zu äsen beginnen.

Den Mantelkragen hochgeschlagen und den breitkrempigen Hut tief ins Gesicht gezogen, harrt der Jäger auf weitere Flüge. Auch für das schärfste Gänseauge müßte er fast unsichtbar sein.

Wie fälschlich, wie töricht ist die – wohl menschlicher Überheblichkeit entsprungene – Redewendung »dumme Gans«. Gänse sind nämlich ausgesprochen intelligente, wachsame Vögel,

wie schon ihre Funktion als Wächter des Kapitols im alten Rom belegt.

Die Sonne erscheint am Horizont, und mit zunehmendem Tageslicht kommen immer mehr Vögel angestrichen, kreisen anfangs noch in beträchtlicher Höhe, gehen dann vorsichtig tiefer und fallen schließlich unter lebhaftem Geschnatter am anderen Ende des Feldes bei ihren Artgenossen ein.

Die starken Formationen heben sich gegen den heller werdenden Himmel mit vereinzelten rötlichen und blaugrauen Wolken als scharfer Kontrast ab.

Schrille Schreie künden immer neue Flüge an, und jeder landende Flug wird lärmend begrüßt. Die grellen Rufe schmettern mitunter wie Fanfaren.

Wohl über eine halbe Stunde schon nimmt der flach auf dem Boden liegende Jäger, den Kopf auf die Erde gepreßt, dieses Naturschauspiel in sich auf.

Dann wird es ruhiger am Himmel. In sicherer Entfernung äsen die großen, graubraunen Vögel das sprießende Grün.

Mehrere Wächter sichern ständig, und der Jäger wagt kaum den Kopf zu heben. War der Einfall schon fast unbeschreiblich, so steigert sich der Abflug nach ein bis zwei Stunden zu einem

weiteren beeindruckenden Ereignis an diesem trüben Augustmorgen.

Unvermittelt stehen hellrufend einzelne Gänse auf, größere Gruppen folgen, und wie schwankende Bänder am Himmel ziehen sie auf das Versteck des Jägers zu.

Die vielen, vielen Rufe vereinigen sich zu einem lauten, grandiosen Tosen.

Und dann ist eine Schar auf kaum zwanzig Meter über dem wartenden Jäger. Im Aufspringen krachen zwei Schüsse schnell hintereinander, und mit dumpfem Plumps landen zwei Graugänse auf der Erde.

»Wildgänse rauschen...«, und Erinnerungen an Lieder am Lagerfeuer werden wach.

Graugänse auf dem Flug zwischen Sommer und Winter. Von ihnen stammen unsere Hausgänse ab, beide sind monogam, und ihre »Treue« zueinander hält oft ein ganzes Gänseleben lang.

Flug um Flug –
für den Jäger
bedeutet solch
ein »Gänse-
segen« höchste
Erfüllung...

...der Landwirt
erwartet die
Ankunft der
grauen Scharen
dagegen eher
mit gemischten
Gefühlen.

Sofort sinkt der Jäger wieder in sich zusammen. Nachdem die Flinte nachgeladen ist, wird er wieder eins mit dem kümmerlichen Bewuchs und dem Erdboden und harrt gespannt.

Kurz danach will noch einmal ein Flug ganz nah über ihn hinwegstreichen.

Wieder springt er hoch. Die mächtigen Flieger versuchen an Höhe zu gewinnen, doch zu spät. Noch einmal fallen zwei Schüsse. Eine Gans kippt nach rechts, eine nach links, dann fallen beide wie Steine zu Boden.

Mit schrillem Geschrei steigt der Rest des Fluges steil in die Höhe und ist längst in sicherer Entfernung, als die Flinte erneut nachgeladen ist. Die vielen nun aufsteigenden Vögel sind durch den Knall der Schüsse in ein scheinbar heilloses Durcheinander geraten, und in der Luft ist ein Krächzen und Kreischen, schwerfälliges Schwingenschlagen, Rudern, Gleiten, Flattern und Segeln.

Als sie genügend Höhe gewonnen haben, ordnen sie sich wieder und streichen in keilförmigen Formationen davon.

Schließlich herrscht wieder Ruhe. Über dem Jäger ist der bedeckte Himmel mit den tiefhängenden Wolken unbelebt, als er mit den vier schweren Martinsvögeln langsam den Heimweg antritt.

BRACKEN –
URVÄTER
UNSERER HEUTIGEN
JAGDHUNDE

In früheren Jahrhunderten, als man noch keine Schußwaffen kannte, spielten »jagende Hunde«, also brackenähnliche, für den Menschen die Rolle einer Jagdwaffe. Und in fast allen unseren Jagdhunden schlummert das Brackenblut vergangener Zeiten.

Aus den hochläufigen Formen der Bracken wurden mit dem Schwinden der weiträumigen Jagdreviere, die für das Waidwerk mit »jagenden Hunden« nun einmal unerläßlich sind, immer mehr kurzläufige Formen gezüchtet.

Zu ihnen gehören in Frankreich die Bassets, in der Schweiz die Schweizer Niederlaufhunde, in Schweden die Drever, in Deutschland und

Eine wahrhaft
bunte Meute!
Aber heute
herrscht die rote
Warnfarbe
vor.

Anhänglich, ihrem Herrn treu ergeben, das ist sie, die Bracke, folgsam und nie ermüdend bei der Arbeit. Von dieser Rasse stammen wahrscheinlich unsere heutigen Jagdhunde ab.

Dachsbracken haben sich europaweit wegen ihrer hervorragenden jagdlichen Eigenschaften zu anerkannten Schweißhunden entwickelt.

Österreich die Dachsbracke, die eine Über-
gangsform zwischen hochläufiger Bracke und
Teckel darstellt.

Die Rasse, die wir heute als Dachsbracke be-
zeichnen, ist eine uralte Hunderasse, aus der
wahrscheinlich sogar der Dackel entstanden ist.
In Deutschland unterscheiden wir neben der
hochläufigen Deutschen Bracke zwei Dachs-
brackenschläge: die ›Bunte rheinisch westfäli-
sche Dachsbracke‹ und die ›Rote Dachsbracke
des Erzgebirges und der Alpenländer‹. Beide
sind, ungeachtet des ähnlichen Namens, nicht
miteinander verwandt.

Beide Formen wurden früher nur nach Leistung
gezüchtet, auf die äußere Gestalt nahm man
wenig Rücksicht.

Wegen ihrer Größe werden Dachsbracken, Widerristhöhe 34 bis 42
Zentimeter, kaum unter der Erde
eingesetzt, dafür aber für die laute
Jagd auf Fuchs und Hase.

Sie jagen langsamer als ihre hochläufigen Vettern, zeigen aber wie diese ausgeprägten Spur-
willen, sicheres und spurlautes Jagen und erfüllen außerdem die wichtigsten Voraussetzungen
für die Schweißarbeit.

Aus diesem Grund werden Dachsbracken vom
Jagdgebrauchshundverband (JGHV) heute zu
den offiziell anerkannten Schweißhundrassen
gerechnet.

In Österreich zählt diese fährtentreue und -laute,
bis zum Umfallen arbeitende kleine Bracke
ebenfalls zu den Schweißhundrassen, sie ist also
auch dort ein anerkannter Nachsuchenspezia-
list, neben dem Hannoveraner und dem Bayeri-
schen Gebirgsschweißhund. Letzterem steht sie
zudem verwandschaftlich sehr nahe.

Dachsbracken sind anhänglich, leistungsfähig,
immer zufrieden und sehr genügsam. Sie sind
somit die idealen Begleiter für Berufsjäger, Forst-
beamte sowie alle Jäger, die Wind, Wetter und
die harte Arbeit hinter einem guten Hund lieben.

PIRSCH DURCH DEN SEPTEMBER

Die Stoppeläcker sind mehr geworden, der Pflug schafft immer größere Flächen schwarzen, gebrochenen Erdreichs. Der Herbst nähert sich, verdrängt den Sommer, erst mit leichtem Wind, dann mit Sturm, der schweres, zuckersüßes Fallobst von den Bäumen reißt. »Viel Eicheln im September, viel Schnee im Dezember«, sagt man. Die letzten leuchtenden, wolkenlosen Tage täuschen kaum darüber hinweg, daß sich nach Wochen der Fülle und Fröhlichkeit, des ungestümen Wachsens und Lebens nun Schwermut und Abschiednehmen in der Natur ankünden.

Die Rauchschwalben diskutieren in großen Flügen auf den Hochspannungsleitungen zwitschernd ihre Reiserouten nach Süden in wärmere Gefilde, die Stare haben sich längst zu Trupps gesammelt und lärmen durch die Obstgärten.

Noch liegt das gedroschene Stroh auf den Äckern, in wenigen Tagen aber werden sie umgebrochen, das Wild ist dann wieder einmal seiner Deckung beraubt...

... und nur die Rauchschwalben schießen auf der Jagd nach Insekten über die großen schwarzen Flächen dahin.

Bei älteren Jägern regen sich wehmütige Erinnerungen an längst vergangene Hühnerjagden, doch vorbei sind die Zeiten...

Täglich verschwinden riesige Maisschläge, gehäckselt zu Silage oder gedroschen, um die Körner als wertvolles Viehfutter zu gewinnen, und die einst wogenden grünen Felder verwandeln sich in grünbraune Stoppeln und dann, manchmal schon nach wenigen Nächten Ruhe, in schwarzbraune Sturzäcker. Innerhalb weniger Tage verschwinden Deckung und Äsung, und das Wild ist wieder heimatlos geworden. Als letzte Deckung im Feld bleiben nur noch Kartoffel- und Rübenkraut.

Erde statt Ernte, Sand statt Saat, Grau statt Grün. Kastanienbäume und Pappeln, aber auch der Adlerfarn werden jetzt gelb oder braun, und die Blätter der Brombeerbüsche verfärben sich in allen Rot-, Bronze- und Goldschattierungen.

Das Heidekraut wird wieder eintönig braun, nur hier und dort leuchten noch vereinzelt rosa Tupfen und zeugen von der verschwenderischen Pracht der Heideblüte und einer vergänglichen Bienenweide.

Schwer drücken die dunklen, lila Dolden an den Holunderbüschen die Zweige nach unten und laden fast die gesamte Vogelwelt der Umgebung zu reichlicher Mahlzeit ein. Dazu prasseln Eicheln und Bucheckern von den Bäumen und bescheren dem Wild reiche und wertvolle Äsung.

Vereinzelt jubiliert eine Lerche über den Feldern, meldet sich ein Rotschwanz in der Nähe der Häuser.

Die Tage sind noch warm und sonnig, aber die Nächte werden bereits kalt und klar. Morgens liegt dichter Nebel über Wald und Wiesen, Moor und Heide, Feld und Flur.

Die Zeit der Hirschbrunft beginnt, und in seiner freien Zeit muß der Jäger nun Vogelnistkästen reinigen und die Fallensteige säubern.

Hagebutten, die Früchte der Heckenrose, sind eine willkommene Nahrung für viele Vogelarten.

Das Farnkraut wird allmählich braun und stirbt ab. Der Herbst ist nicht mehr fern.

»Es ist so still!
Die Heide liegt im
warmen Mittags-
sonnenstrahle...«
(Th. Storm)

Noch einmal
glüht es überall,
rosarot, in ver-
schwenderischer
Farbenpracht:
Die Heide blüht!

RUND UM DEN KÖNIG DER WÄLDER

Krönung, einen reifen Hirsch während der Brunft zu erlegen. Unvergleichlich schwieriger und reizvoller aber ist die Jagd auf den Feisthirsch. Anfang Juni wird der Hirsch heimlich, und wenn die Vogelbeeren reif werden, tritt er in die Feiste. Bereits vor einigen hundert Jahren prägte Wahrmund Riegler den Spruch:

»Der Feisthirsch ist das Waldgespenst
das du nur ahnst,
doch niemals kennst.
Denn wo du meinst, da steht er nicht,
und wo du wartest, geht er nicht
und ist nur hoch bei Sternenlicht.«

Der Rothirsch, Edelhirsch, »König der Wälder« – von manchen Forstleuten wegen der Schäl- und Verbißschäden im Wald angefeindet – ist wohl das begehrteste Wild auf der »jagdlichen Wunschliste«. Und fast jeder Waidmann empfindet es als

Wenn Feld und Wald Äsung in Hülle und Fülle bieten, wenn Himbeer- und Brombeerranken, frische Gräser, Triebe und leckere Kräuter auf fast

Ende der Feistzeit – das urgewaltige Brunftkonzert der Hirsche klingt nun durch Wälder und Felder.

jedem Quadratmeter des Waldbodens sprießen, wenn die Hirsche sich aus ihren sicheren Einständen nicht herausbewegen müssen, dann glaubt so mancher Jäger, es gäbe keine Hirsche in seinem Revier. Weit gefehlt!

Fährten im weichen Sand, frische Schlag- oder Schälstellen und Suhlen verraten dem aufmerksamen und erfahrenen Waidmann: Es haben Hirsche ihren Einstand in seiner Jagd, auch wenn er sie nicht zu Gesicht bekommt.

Während man das Kahlwild regelmäßig mit seinem Nachwuchs beobachten kann, bleibt der »König der Wälder« für das Auge des Jägers unsichtbar. Die Hirsche benötigen im Juni/Juli viel Ruhe, werden von Tag zu Tag heimlicher und reagieren auf Störungen in ihren Einständen sehr empfindlich. Sie sind damit beschäftigt, ihr neues Geweih zu schieben.

»Jetzt steht das Himmelsgestirn am höchsten, nun haben auch die Geweihe ihr Höhenwachstum vollendet und sind fertig...«, hieß es früher zur Entwicklung des Bastgeweihs im Juni.

»Es wächst mit der Äsung«, sagen die Jäger, wohlwissend, daß das Wachstum des Kolbengeweihs nicht unerheblich von der Ernährung des Hirsches abhängt, und die ist nun in fast jeder Form ausreichend vorhanden.

Im Juli haben die Kolbenhirsche oft unter einer grauenhaften Plage zu leiden, nämlich unter Stechfliegen. Diese Quälgeister sitzen in unglaublichen Mengen oben auf den zarten Kolbenenden, um dort an dem blutgefüllten wachsenden Gewebe zu saugen. Ununterbrochen schütteln die Hirsche das Haupt, und wie Rauchschwaden erheben sich dann die Fliegen kurz, um sich jedoch sofort wieder an der alten Stelle niederzulassen.

Um vor dieser Plage Schutz zu finden, verbringen Basthirsche die Tage gern in dunklen Dickungen, suchen im Gebirge die höchsten Einstände und stellen sich sogar in manchen Gegenden ins Wasser.

Das Kahlwild läßt sich von der Erregung des Platzhirsches kaum beeindrucken.

»Wimpelschlagen« nennt es der Jäger, wenn die Hirsche mit ihren Stangen erregt das Erdreich bearbeiten. Mitunter sieht es dann aus, als hingen Fähnchen im Geweih.

Nach der Brunft, im Winter und während der Kolbenzeit, stehen die älteren Hirsche nicht beim Kahlwild, aber trotzdem geht es in diesen reinen »Männergesellschaften« nicht immer friedlich zu. Mitunter entstehen kleine Plänkeleien oder Gefechte. Da das empfindli-

che Bastgeweih vor jedem Stoß sorgsam bewahrt werden muß, werden die Streitigkeiten der Hirsche durch Schlagen mit den Vorderläufen ausgefochten.

Ein seltsames Bild ist es, wenn sich zwei Hirsche, nachdem sie sich kurze Zeit mit

gesenktem Haupt gegenüber gestanden haben, wie aufbäumende Pferde hoch auf die Hinterläufe stellen und gegenseitig mit den Schalen der Vorderläufe aufeinander losschlagen. Die Lauscher sind dabei angelegt, die Zähne knirschen, und der Lecker schaut seitlich aus dem Äser.

Die Kämpfe setzten sich in dieser Form manchmal auch dann noch fort, wenn einige Hirsche bereits gefegt haben. Offenbar ist ihnen noch nicht bewußt, daß ihre Hauptwaffe jetzt wieder kampfbereit ist.

Glück, Geduld und genaues Wissen um das Wild und dessen Einstände sind Voraussetzung zur Erlegung eines alten Feisthirsches. Im wahrsten Sinne des Wortes frißt dieser sich nun eine Feistschicht an, verbringt träge, ohne sich mehr als nur notwendig zu bewegen, geschweige denn umherzuziehen, seine Tage in

Was anfangs noch spielerischem Kräftemessen gleichrangiger Hirsche ähnelt, wird in der Brunft zu ernsthaftem Kampf. Nach den Gesetzen der Natur wird sich der Bessere und Stärkere behaupten.

der Kühle des schattigen Einstandes, während draußen die heiße Hochsommersonne auf das Land brennt. Lediglich Fliegen, Mücken und ähnliches Getier bringen ihn manchmal aus der Ruhe. Die Hirsche sammeln Reserven für die bevorstehende Brunft, die Hohe Zeit des Rotwildes – und des Jägers.

Wenn dann im September die Tage kühler, die Nächte kälter werden, wenn sich ganz langsam,

fast unmerklich das erste Laub einiger Bäume zu verfärben beginnt und sich die Natur langsam für den Herbst rüstet, wenn die letzten Sonnentage kürzer, die klaren Nächte länger werden, Eicheln und Bucheckern von den Bäumen prasseln, dann erfaßt Unruhe das Revier der Hirsche. Rastlos beginnen sie auf der Suche nach brunftigen Tieren umherzuziehen. Ab und zu hört der Jäger den Ruf eines suchenden

Hirsches, und wenn es dann wirklich kalt wird, bereits die ersten Nachtfröste durch das Land geistern, Rauhreif in den frühen Morgenstunden Feld und Flur verzaubert oder dichte Nebelschwaden durch die Täler wabern, hallen die Wälder wider vom Röhren der Rothirsche. Die Tage, denen der Jäger das ganze Jahr entgegenfieberte, sind angebrochen.

Der Wald ist erfüllt vom Brunftkonzert der Platz- und ihrer Beihirsche. Röhren, Sprengruf und Knören, Orgeln und Trenzen der Rivalen wechseln einander ab, dazwischen das Mahnen der Tiere. Das Herz eines jeden Jägers schlägt höher, wenn ihn diese einmalige Symphonie ein ums andere Mal in ihren Bann zieht.

Auf dem Brunftplatz herrscht, so erscheint es, ein heilloses Durcheinander, aber die Natur hat auch hier ihre eigenen, für uns Menschen unergründlichen Regeln.

Imponiergehabe und Kampf, List und Stärke, Überlegenheit und Furcht, Triumph und Niederlage, Sieger und Besiegte – alles ist wohlgeordnet.

Letztlich setzt sich der Stärkste, der Beste durch, beschlägt die meisten Tiere und vererbt sich am erfolgreichsten.

Verhältnismäßig kurz ist die Brunft des Rotwildes. Schon in den ersten Oktobertagen tritt wieder Ruhe ein. Die Hirsche trennen sich vom Kahlwild, bilden eigene Rudel, und lediglich junge männliche Stücke ziehen noch mit ihren

Gewaltig ist der Kampf zweier Rothirsche. Man mag es kaum wahrhaben, aber die Natur hat es so eingerichtet, daß sie sich dabei nur selten ernsthafte Verletzungen zufügen.

Müttern auf die Äsungsflächen, während die älteren »Junggesellen« sich absentieren und wieder heimlich werden.

Die Feistreserven, die sie während des Sommers geschaffen und zum größten Teil während der Brunft verloren haben, müssen für den nahenden Winter erneuert werden oder zumindest erhalten bleiben.

In den ersten Monaten des kommenden Jahres verlieren die Hirsche ihren Kopfschmuck und beginnen sofort mit dem Schieben des neuen Geweihs.

Wenn Äsung im April und Mai wieder reicher und vielseitiger heranwächst, verfärbt das Rotwild. Dieser Haarwechsel geht einher mit dem Geweihwachstum der Hirsche und der sich dem

Ende zuneigenden Tragzeit der Tiere. Die Tage der Not sind endgültig vorüber, und wenn im Juni die Kälber gesetzt werden, erwartet das Wild eine reiche Speisekammer: abwechslungsreiche Äsung für die Milchproduktion der Altiere, für gesundes Wachstum ihres Nachwuchses, für die Kräfte zehrende Entwicklung der Kolbengeweihe und vor allem Ruhe bis zur Brunft, bis sich der Kreislauf im Leben der Edelhirsche schließt. Der Ruf des Rotwildes, des großen braunen »Rindenfressers«, wie es von seinen Feinden genannt wird, ist allerdings nicht unbedingt gut. Einige Ökologen und rein wirtschaftlich ausgerichtete Forstleute haben dem König der Wälder den Krieg erklärt. Manche Gegenden Deutschlands sollen »rotwildfrei« geschossen werden. Die Jägerschaft ist machtlos; auch ein König kann ohne Lobby nicht überleben.

Machtvoll hallt nach dem Zweikampf der Ruf des Siegers durch den Wald, bevor er zum Rudel zieht.

Der Gegner
wurde in die
Flucht geschla-
gen. Es folgt ein
Schrei, der
verkündet: Hier
wird kein
anderer Hirsch
geduldet.

DIE ZEHN HEILIGEN TAGE

Nur langsam, sehr zögernd, weicht die Dunkelheit der Dämmerung. Die Sterne verblassen ganz allmählich über dem schwarzen Wald. Fast unhörbar flüstert der Atem des Morgens durch Bäume und Büsche, über Wiesen und Weiden. Erstes zartes Licht erscheint am östlichen Horizont. Ganz leise und zaghaft tickt die warnende Stimme eines Rotkehlchens und unterbricht die Stille und Ruhe des Waldes.

Im Osten erhebt sich der rote Sonnenball über dichte Nebelschwaden und verwandelt die Spinnweben, die hier und da im Jungwuchs zu schweben scheinen, in silberne Märchengebilde.

Wundersam funkelt durch die noch belaubten Baumkronen das erste Morgenrot. In schrägen Bahnen fließt das helle Licht vom Himmel und ergießt sich auf dem Waldboden.

Da erschallt es urgewaltig: »Uaa uaa!« Aus der Ferne kommt Antwort, gereizt und böse – die Brunft des Rotwildes, die zehn »heiligen Tage« des Jägers haben begonnen.

Nach einigen Stunden der Ruhe, des Äsens, in denen die Rothirsche verschwiegen, entbrennt nun wieder ihr akustischer Kampf, das Messen ihrer gewaltigen Stimmen.

Während es langsam zu tagen beginnt, zieht das Rudel im Schutz des dichten Nebels, dann und wann äsend, von den Feldern Richtung Tageseinstand, Richtung Wald.

Unruhig umkreist der junge Platzhirsch seine Tiere, eifersüchtig wie ein Pascha darauf bedacht, daß nicht einer der Beihirsche ihm ein Stück abspenstig macht.

Zwischendurch verhofft er, hebt das Haupt, legt sein Geweih zurück und schleudert einem vermeintlichen Rivalen seinen Brunftruf entgegen.

Der Wald hallt wider von dem urigen Röhren der Rothirsche.

Das Kahlwild äst unterdessen an den noch grünen Himbeerranken, scheinbar unbeeindruckt von dem Brunftkonzert, das sich zu einer gewaltigen Symphonie steigert.

Erregt schlägt der Platzhirsch auf einen Birkenbusch ein, bearbeitet ihn mit seinem Geweih, daß welke Blätter und kleine Äste weit umherfliegen, als in der Nähe ein anderer Hirsch mit schwacher Stimme meldet.

Wütender Sprengruf des »Hausherrn« dröhnt ihm entgegen, und der Nebenbuhler verschweigt.

Währenddessen hat sich ein junger Sechser dem Rudel von der anderen Seite genähert, konnte wohl der verlockenden Brunftwitterung eines Tieres nicht widerstehen, aber der »Herr des Harems« ist auf der Hut. Erneut dröhnt sein wütender Schrei durch das weite Wiesental, und mit tiefgehaltenem Geweih prescht er drohend auf den Jüngling zu, der eilig die Flucht ergreift, begleitet vom selbstbewußten Orgeln des Platzhirsches.

Das Leittier ist zwischenzeitlich weitergezogen, den Rest des Rudels im Gefolge, aber da kommt der Starke angetrollt und treibt sein Kahlwild

Der Landschaft
gut angepaßt,
steht der Hoch-
sitz am Rande
einer Lichtung.
Ein heimlicher
Platz, von dem
aus man die
Natur in ihrer
ganzen Schönheit
beobachten
kann.

zurück auf die Waldwiese. Nebelschwaden geistern über die freie Fläche, doch langsam siegen Sonne und Tag über die Nacht.

Da erschallt aus dem dichten Tann eine dunkle, böse Stimme. Anfangs noch weit entfernt – aber schon klingt sie näher, und dann bricht es laut am Waldrand.

Plötzlich, wie von Geisterhand dort hingezaubert, steht ein weiterer Hirsch am Dickungsrand.

Der Platzhirsch hat sein Rudel eng zusammengetrieben und schreit den Störenfried wutentbrannt an. Voller Erregung forkelt er mit seinen Stangen in den Boden, daß Gras und Erde nur so umherfliegen. Sodann schreit er erneut dem anderen entgegen.

Der brummt nur böse und trollt auf das Rudel zu. Bis auf zehn Gänge läßt ihn der junge Platzhirsch heran, dann wendet er sich zur Flucht.

Bis zum Rand des Bestandes jagt der Alte ihm noch nach, dann verhofft er, und triumphierend schallt dem Flüchtigen der Siegesschrei des Neuen nach.

Mit wiegendem Haupt wendet er sich dem Rudel zu, treibt es mit groben Schlägen seines starken Geweihs zusammen und dann in den schützenden Wald.

Die Wiese ist leer. Ein paarmal hört man den Alten noch brummen, dann herrscht wieder Ruhe im Rotwildrevier.

Die wärmenden Strahlen der Sonne haben die Nebelschwaden vertrieben. Frieden scheint über der Landschaft zu liegen – aber der Schein trügt: Bevor die Sonne wieder tief im Westen steht, wird der ewige Kampf, auch wenn er nur zehn Tage im Jahr dauert, erneut entbrennen, und es wird sein, wie es immer war: Der Bessere wird ihn gewinnen.

Die Nacht will noch nicht weichen,
verliert aber dann doch den immer wieder-
kehrenden Kampf gegen den Tag.

STOPPELTAUBEN

Die letzten Augusttage waren glühend heiß gewesen, die Nächte hatten kaum Kühlung gebracht, auch in der ersten Septemberhälfte war kein Regen in Sicht. Bei den Landwirten herrschte Hochsaison. Bis tief in die Nacht hinein waren die Mähdrescher unterwegs, um an den schönen Tagen die Ernte einzubringen. Aus den

Reiche Beute nach einem lohnenden Ansitz auf »Stoppeltauben«. Nun kann sich der Jäger befriedigt auf den Heimweg machen.

bunten Gärten wehte der Geruch von gegrilltem Fleisch. Ferienzeit!

Mit dem Fortschreiten der Ernte, mit der Anzahl der abgeernteten Felder, steigen nun auch die Aktivitäten der Ringeltauben, von denen man bisher kaum etwas bemerkt hat. Immer größere Flüge bilden sich, und je mehr Tauben umherstreichen, desto größer wird die Unruhe des Jägers, jagdliche Ernte zu halten.

Auf dem Anmarsch zu den Feldern trifft er auf zahllose Taubenschwärme. Die Vögel bemerken die menschliche Störung sehr früh. Nähert sich der Jäger mit seinem Hund und seiner Flinte, erheben sich wild durcheinanderflatternde Wolken von den Stoppeln bereits auf einige hundert Meter, um am Horizont zu verschwinden. Wegen mangelnder Deckung ist Anpirschen zwecklos.

Ein noch nicht abgeerntetes Maisfeld aber bietet sich als willkommener Ansitzplatz an.

Die Maisstauden sind übermannshoch. Ab und zu raschelt es leise, wenn ein leichter Windhauch mit den Blättern spielt. Gelber Blütenstaub rieselt herab und kitzelt in der Nase.

Auf den entfernten Hochspannungsdrähten sieht man die feisten Vögel in langen Reihen sitzen, und einige der Stoppelfelder sind so übersät mit zahlreichen Ringeltauben, daß die goldgelben Strohreste

Junge Tauben werden wegen ihrer locker sitzenden Flaumfedern vom Hund meistens nur widerstrebend aufgenommen. Schnell wird er aber lernen, auch im vollen Jagdeifer die Beute an der für ihn angenehmsten Stelle zu greifen.

wie von einem blaugrauen Teppich überdeckt erscheinen.

Die Flinte ruht geladen auf den Knien, und angestrengt starrt der Jäger, sitzend auf seinem Jagdstock geduckt und den Hund neben sich abgelegt, durch das Meer der Maisstauden nach oben. Lange brauchen die beiden nicht zu warten.

E s nähern sich drei winzige Punkte am Himmel: Tauben sind es. Rasend schnell schießen sie vorüber. Im Fortfliegen stoppt die Schrotgarbe den rasanten Flug eines der grauen Vögel, der im Schuß zu Boden trudelt. In der Luft schweben nur noch ein paar vereinzelte blaugraue Federn, die der leichte Wind langsam davonträgt.

»Apport«, hört man die Stimme des Jägers, und voller Eifer stürmt der Hund, eine dicke Staubwolke hinter sich herziehend, über den trockenen Acker. Behutsam nimmt er seine Beute auf und bringt sie seinem Herrn.

Es hat den Anschein, daß sich der Hund vor den weichen Flaumfedern der Taube – sie ist noch jung, ihr fehlt der weiße Halsring – ekelt. Angewidert versucht er, als er die Beute abgeliefert hat, die Reste mit der Pfote aus dem Fang zu streifen, und schüttelt sich anschließend.

Der Wind weht den würzigen, aromatischen Geruch von frischer Erde, trockenem Stroh und gemähtem Getreide herüber; Herbststimmung

Turmfalken brauchen freies Gelände. Während der Taubenjagd kann man den eifrigen Mäusejäger beobachten, wenn er über dem abgeernteten Acker rüttelt. Es ist erstaunlich, aus wie großer Höhe er seine Beute erspäht und dann sicher schlägt.

liegt bereits über dem Land. Und schon wieder streichen mehrere Tauben heran. Dieses Mal klappt es nicht so gut: Die beiden Schüsse gehen fehl, die Schrote fliegen nutzlos an den Vögeln vorbei und beschleunigen lediglich deren schnellen Flug.

Offenbar aufgeschreckt durch den Knall der Schüsse, sind die Tauben sehr beunruhigt. Immer wieder streichen sie vorüber, einzeln, in kleinen Flügen oder großen Schwärmen. Jäger und Hund haben gut zu arbeiten. Der Vierbeiner hechelt, die Zunge hängt weit aus dem Fang, trotzdem verschmäht er das mitgebrachte Wasser.

Ein Mäusebussard streicht vorüber, gefolgt von einem aufgeregten Schwarm Schwalben und den aufmerksamen Augen des Hundes. Da kommt wieder eine einzelne Taube, fällt nach

bevor der Schaft der Waffe vor der Schulter liegt, haben sie sich für einen sicheren Schuß bereits wieder zu weit entfernt.

Der Strich läßt merklich nach, es wird kühler. Über dem großen Acker rüttelt ein Turmfalke, hält ebenfalls Ausschau nach Beute. Ein verspäteter Schmetterling, ein Kleiner Fuchs, gaukelt, von den Augen des Hundes gespannt verfolgt, über die trockenen Stoppeln.

Blauviolette Disteln wiegen sich im Wind. Aus einer der leuchtenden Blüten krabbelt eine dicke Hummel und brummt davon.

In der Ferne sieht man immer wieder Tauben ihren Schlafbäumen zustreben, und schließlich sammelt der Jäger Beute sowie leere Patronenhülsen ein, entfernt mit geübtem Griff die prallvollen Kröpfe und strebt mit seinem Hund nach einem erfolgreichen, stimmungsvollen Jagdtag nach Hause.

dem Doppelschuß in einer aufstäubenden Federwolke mit einem dumpfen Aufprall zu Boden und wird auf Befehl seines Herrn sofort vom Hund apportiert. Einige helle Flaumfedern spielen mit dem Wind, dort, wo der Hund soeben seine Beute aufhob.

Noch während die Flinte nachgeladen wird, sind erneut Tauben in der Luft über dem Jäger, aber

Der Kaisermantel ist der am häufigsten bei uns vorkommende Perlmutterfalter. Er lebt – sowohl im Flachland wie auch in Gebirgstälern – auf blumenreichen Waldwegen, auf waldigen Wiesen und in lichten Laubwäldern.

DIE
KÖNIGE
DER
PARKTEICHE

Gelassen, würdevoll und meistens halbzahm, lassen sie sich auf den Parkteichen füttern und haben sich in der Obhut der Menschen mitunter schon recht weit von der Lebensweise von Wildlingen entfernt.

Trotzdem wahren sie ihre Selbständigkeit und kehren immer wieder ins wilde, freie Leben zurück – die Rede ist von den kraftvollen Höckerschwänen. Wildlebend trifft man sie auf größeren Seen, kleinen Teichen oder Flüssen an. Hier profitieren sie als reine Planzenfresser von der Eutrophierung vieler Gewässer.

Mit Vehemenz verteidigen die starken Vögel, wo sie zahlreich vorkommen, ihre Reviere gegen anderes Wassergeflügel. Außerdem richten sie besonders im Norden Deutschlands als rastende Wintergäste im zeitigen Frühjahr mitunter erhebliche Schäden auf der jungen Saat an, weil in dieser Jahreszeit ihr Energiebedarf durch die karge Wasservegetation nicht ausreichend gedeckt werden kann.

Deshalb hat der Gesetzgeber auch die Höckerschwäne den Jägern unterstellt und diesen von September bis Januar eine Schußzeit eingeräumt.

Ein rein weißes Haar- oder Federkleid sieht man bei Wildtieren außer im Winter selten. Schwäne sind stark genug, um sich eine so auffällige Färbung leisten zu können. Der Start vom Wasser ist eindrucksvoll: Gewaltig schlägt er die Schwingen, die Füße treten kraftvoll in schnellem Rhythmus und hinterlassen eine lange Reihe von »Fußstapfen« – nun erst hat er allen Widerstand überwunden und erhebt sich zum freien Flug.

Schnell und
unvermittelt
greift er an.
Furcht kennt der
Höckerschwan
kaum, und schon
mancher Jagd-
hund mußte böse
Erfahrung mit
den harten
Schwingen oder
dem starken
Schnabel eines
angreifenden
Schwanes
machen.

Die sehr viel selteneren und nur auf dem Durchzug bei uns erscheinenden Sing- und Zwergschwäne stehen dagegen unter Naturschutz.

Aber nur wenige Jäger schießen in ihrem Leben einen Schwan. Die weißen Vögel umgibt ein seltsames Flair. Ist es Aberglaube oder Mythos, was diese majestätischen Höckerschwäne schützt?

Die Farbe ihres strahlend weißen, weit sichtbaren Gefieders ist ein Zeichen dafür, daß erwachsene Schwäne weder zu Wasser noch zu Lande Feinde haben, daher wohl auch ihre Selbstsicherheit.

Nur die jungen Schwäne, in ihrem unscheinbaren Daunenkleid als »häßliche Entlein« nicht so auffällig wie die Altvögel, haben Fuchs und Weihe zu fürchten, wenn die Eltern nicht aufpassen.

Das aber kommt recht selten vor. Der Schwanenvater grenzt sein Brutgebiet ab und verteidigt es energisch gegen Nebenbuhler, andere Weibchen und jegliches Getier.

Ist der größte unserer Entenvögel im Wasser die Würde und Anmut selbst, watschelt er auf dem Land schwerfällig und schwankend dahin, kann aber auch hier den vermeintlichen Gegner mit harten Schwingenschlägen und gefährlichen Schnabelhieben angreifen, in arge Bedrängnis bringen und oft erfolgreich in die Flucht schlagen. Selbst mancher große und unerschrockene Jagdhund wurde schon Opfer seines übertriebenen Mutes oder seiner Neugierde.

Trotz ihrer enormen Körperfülle und scheinbaren Schwerfälligkeit sind Schwäne gute und schnelle Flieger.

Wenn sie nach zehn oder zwanzig Meter langem Anlauf genügend Luft unter ihre Flügel bekommen haben, brausen sie in voller Fahrt mit melodischen, wohlklingenden Schwingenschlägen davon – daher wohl auch die Redensart »mir schwant nichts Gutes«.

PIRSCH DURCH DEN OKTOBER

Die Slawen nennen den Oktober den »gelben Monat«, wohl nach der Farbe des welkenden Laubes. Dennoch ist normalerweise Grün immer noch weiterhin vorherrschend, auch wenn nur noch einige wenige goldene Oktobertage das trübe, regnerische Wetter ablösen, wenn die Nächte dunkel sind und die Morgendämmerung fast ewig zwischen den Stämmen des Hochwaldes hängt.

Sobald die Nächte kälter werden, schwindet das Chlorophyll aus den Blättern. Rot- und Brauntöne, die sonst vom Grün überlagert werden, bleiben übrig. »Es ist ein hartes Winterzeichen, will's Laub nicht von den Bäumen weichen«, lautet eine alte Wetterregel.
Die meisten Zugvögel sind, durch das Absterben der Insekten veranlaßt, in Richtung Süden fortgezogen.

Unser kleinstes Rauhfußhuhn, das Haselhuhn, sieht man recht selten. Versteckte Lebensweise und die Tarnfärbung, aber auch das Verschwinden aus weiten Teilen seines einstigen Verbreitungsgebietes sind Gründe dafür.

Selbst der Zilp-Zalp, der unscheinbare, kleine Weidenlaubsänger, einer unserer letzten Sommergäste, hat sich verabschiedet. Er zieht normalerweise als letzter und kommt als erster zurück.

Nur selten vernimmt man noch einen Buchfink, singt ein Hänfling oder eine Goldammer, während in den Bergwäldern das Haselwild balzt. Für den Jäger aber ist auch der Oktober Erntezeit: Die Bälge von Fuchs und Marder werden reif.

Dam- und Sikawild brunften bereits, Muffel- und Gamswild werden schon unruhig.

Zwar heißt es nun »Hahn in Ruh« auf Rehböcke, aber alles übrige männliche Schalenwild in unseren Revieren darf ab Mitte des Monats bejagt werden. Auch der Abschuß des weiblichen Wildes hat seine großen Reize und darf nicht vernachlässigt oder aufgeschoben werden.

Herbst heißt sterben, nicht nur für viele Pflanzen, und nicht nur durch die Hand des Jägers. Die Nahrung im Revier wird knapp.

Der Oktober bringt durch den Haarwechsel das erste Fallwild, mancher Hase fällt der Kokzidiose zum Opfer. Die einheimischen Raubvögel werden wegen des Schwindens der letzten Deckung auf ihren Beuteflügen fleißig durch ihre angereisten Vettern aus dem Norden unterstützt. »Ein kalter Oktober macht die Hirsche mager«, besagt eine alte Jägerweisheit.

Darüber hinaus werden die Strecken bunter. Die Jagd auf Hasen, Kaninchen, Fasanen, Hühner, Tauben, Gänse wartet. Auch verschiedene Entenarten kann man heute noch, hat man gute Hunde zur Verfügung, mit ruhigem Gewissen bejagen.

Suchjagd mit dem Vorstehhund. Wegen der abnehmenden Rebhuhnbesätze gehört diese Jagdart vielerorts schon der Vergangenheit an.

Es hat sich
gelohnt! Gern
müht sich der
Jäger, die Beute
aufzunehmen
und zum
Sammelplatz zu
tragen: reiche
Hasenstrecken
bei geselliger
Jagd in buntem
Herbstwald...

... und wenn dann sogar noch ein Fuchs zur Strecke gebracht werden konnte, freuen sich Hunde, Jäger und Treiber ganz besonders.

Besonders bei der Entenjagd ist ein wasserfreudiger, gut ausgebildeter vierläufiger Jagdhelfer unentbehrlich. Ohne ihn ist der Jäger hilflos, wenn ein Vogel geflügelt wird oder getroffen ins dichte Schilf fällt. Und wenn das Gesetz schon nicht verbietet, Enten an sogenannten »Schießkirrungen« zu »erlegen«, so schreibt es doch zumindest für jegliche Art Jagd auf Wasserwild vor, einen geprüften Hund zu besitzen.

G erade Stockenten haben sich als anpassungsfähiges Wild gezeigt, das noch auf fast allen unseren heimischen Gewässern anzutreffen und für manchen Jäger und in manchen Gegenden aufgrund der reizvollen, aufregenden und interessanten Bejagung zum begehrtesten Flugwild geworden ist.
Spannend sind die Momente auf dem Entenstrich, wenn sich abends gegen den letzten Schein des Tages die schweren Herbstenten durch singenden Schwingenschlag ankündigen. Und nicht minder kurzweilig ist es, wenn die Hunde zum immer dunkler werdenden Himmel schauen und dann nach dem Schuß unruhig zum Wasser drängen, auf das die Beschossenen geklatscht sind.

Bevor der
zweite Schuß
den Hasen in der
Schrotgarbe
rollieren ließ,
bannte der
reaktions-
schnelle Fotograf
den flüchtigen
Mümmelmann
auf den Film.

ENTEN KLINGELN IN DER LUFT

Je weiter die Dämmerung fortschreitet, desto unruhiger wird der Hund, äugt gespannt zum dunkler werdenden Himmel. Man fühlt, daß er angestrengt zu vernehmen sucht.

Nur kurz hatte er sich niedergelegt, nun sitzt er wieder zitternd vor Spannung und, wie sein Herr, voller Erwartung.

Leichter Dunst steigt aus Wiesen, Weiden und Gräben, allmählich wird es kühler.

Die Umrisse am gegenüberliegenden Waldrand verschwimmen langsam, das silbrig glänzende Wasser des träge dahinfließenden Flusses plätschert und gurgelt ruhig, gleichmäßig, fast einschläfernd dahin.

Die Silhouetten der einzelnen Bäume, die den Fluß säumen, dem zweibeinigen sowie dem vierläufigen wartenden Jäger, notdürftig etwas Deckung geben, beginnen sich aufzulösen, und der Tag verliert seine Farben.

Spannende Minuten vor dem Schuß, schnelles Reaktionsvermögen des Jägers und ein passionierter Hund...

...dann erzielt der sichere und erfahrene Schütze gute Strecken bei der Entenjagd – aber ein bißchen Glück gehört auch dazu.

Tragen die Stockerpel zu Beginn der Mauser ein schlichtes »Ruhekleid«, tauschen sie dieses Tarngefieder, das ihnen während der Flugunfähigkeit zugute kam, im Herbst gegen ein wahres »Prachtkleid« ein.

Wenn eine Eichel ins Wasser plumpst, durchfährt es den Jäger, und er faßt seine Flinte fester. Leise rauscht das absterbende Schilf.
Irgendwo muht verloren eine Kuh auf der Weide, eher wohl einer der Bullen, denn das Milchvieh steht zu dieser Jahreszeit ja längst in den warmen Ställen.

Ein Reiher unterbricht mit unmelodisch krächzenden Rufen die Ruhe des kühlen Oktoberabends. Der grau gefiederte Jäger ist im tiefverhangenen Himmel aber nicht auszumachen. Ihm folgt ein zweiter. Mit schwerfälligen Schwingen klaftert er langsam auf den reglos verharrenden Menschen zu. Als der große Vogel fast auf Schrotschußentfernung herangestrichen ist, erhebt sich der Hund und schüttelt sich. Augenblicklich steilt der Reiher in wildem Zickzackflug in die Höhe, und keine Spur seiner Bewegungen erinnert mehr an das träge Flugbild, das sich den beiden noch vor wenigen Minuten geboten hat.
Vom Hochwald her klingt das Schrecken eines Rehes, drei-, viermal, dann ist es wieder still.
Das Wasser plätschert und gurgelt, und eine beruhigende und trotzdem nervöse Stimmung kommt bei dem Jäger auf: Ruhe, Erwartung und Hoffnung in einem.

Mit dem unaufhaltsam schwindenden Licht kommen sie endlich, die lange erwarteten Breitschnäbel.
Erst fernes, dann sich rasch näherndes »Klingeln« in der Luft verrät anstreichende Enten.
Als winzige Punkte tauchen die Vögel am Horizont auf, vergrößern sich rasch, um mit klingelndem Flug vorüberzustreichen und gleich darauf wieder in dem diffusen Licht der anbrechenden Dämmerung zu verschwimmen. Vorher haben sie Sinne und Flinte des Jägers auffahren lassen. Als die Langhälse vorüberge-

strichen sind, nehmen die Flintenläufe, aus denen noch leichter Rauch quillt, zwei neue Schrotpatronen auf.

Oft reicht die Reaktionsfähigkeit des Jägers nicht aus, um den rasanten Flug abzupassen, oder er unterschätzt Fluggeschwindigkeit und Entfernung. Gerade auf dem Entenstrich wird von ungeübten Schützen öfter geschossen als getroffen.

Noch einmal erscheint am Horizont ein Schoof. Winzig klein wirken die Vögel, wie Mücken in einem Schwarm. Schon sind sie heran, der Flintenschaft berührt die Schulter, und eine schnell hingeworfene Schrotgarbe stoppt die sausende Fahrt eines der Breitschnäbel.

Im Schuß läßt er die Schwingen fallen, stürzt zu Boden und schlägt dumpf am Uferrand auf. »Such apport, mein Hund«, tönt es leise durch den aufsteigenden Nebel im Wiesental, und freudig stürmt der vierläufige Jagdbegleiter los.

Meistens zeigt der Hund, lange bevor das menschliche Ohr die Enten vernommen oder das Auge sie erspäht hat, dem Jäger die Vögel an. Und wenn dann der Flintenschaft an die Backe gleitet, die Schrotladung einem Erpel die

Schwingen zusammenklappen und ihn aus dem Himmel herabstürzen läßt, dann sind beide dankbar, Herr und Hund. Einer über den guten Schuß, der andere über eine Stunde oder ein paar Minuten Freiheit, und alle beide über eine schöne Arbeit und einen Abend auf dem Entenstrich.

Nachdem die Dämmerung erst zaghaft anklopfte, betritt sie nun mit Riesenschritten das Wiesental. Das Licht ist endgültig der Dunkelheit gewichen.

Der suchende Blick geht noch ein paarmal nach Westen, dorthin, wo am Ende des Tages immer noch ein wenig mehr Licht zu finden ist als in den anderen Himmelsrichtungen.

Ab und an ist noch leises Klingeln hoch vorüberstreichender Schoofe zu vernehmen. Herr und Hund versuchen, mit ihren Augen die Verursacher zu erspähen, aber das Büchsenlicht ist geschwunden.

Die Entenjagd vom schwankenden Boot aus erfordert einen sicheren Schrotschützen, viel Übung und Geschick und vor allem einen wasserfreudigen guten Hund.

Nur eines der abertausend Netze, deren Schönheit den Wald und den Betrachter gleichermaßen verzaubert – sie scheinen friedlich im Winde zu schaukeln und sind doch tödliche »Fallen« besonderer Art.

OKTOBER-SYMPHONIE IN DUR UND MOLL

Mit dem Himmlischen Jäger fing alles an: Er hetzte den Großen Bären am nächtlichen Himmel, spannte seinen Bogen, schoß und traf. Die Blutstropfen aus der Pfeilwunde färbten die Wälder rot.

So entstand nach einer Legende der Indianer der »Indian Summer«, der farbenprächtige Herbst. Dieselbe Sage könnte auch für unsere abendländischen Breiten gelten.

Bezauberndes
Wechselspiel von
Licht und
Schatten, von
Windstille und
leisem Wehen.
Helle, lichte
Farben und
dazwischen
das Blau des
Himmels laden
zu einem Pirsch-
gang ein. Wer
anders als der
Jäger kann schon
in solch herrli-
cher Umgebung
seinen Pflichten
nachgehen!

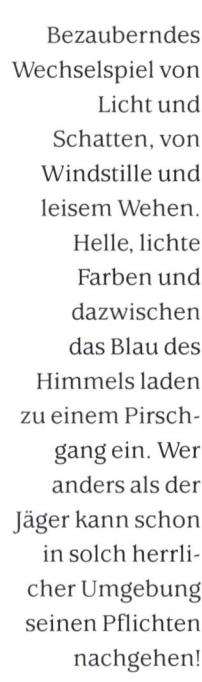

Die herbstlich kühle, feuchte Witterung der letzten Tage und die ersten Nachtfröste haben den bis dahin einheitlich grün erscheinenden Wald in ein Meer strahlender Farbkontraste verwandelt.

Leichter Wind wirbelt das bunte Laub kurz vom Waldboden hoch, läßt es wieder zurück auf den farbenprächtigen dichten Teppich fallen und dazu noch einige Blätter mehr von den Bäumen taumeln.

Während die wenigen Kastanien der Allee bereits kahl sind, leuchten einzelne Ahornbäume feuerrot neben goldgelben Buchenblättern und dem Laub grünbrauner Eichen.

Die Fichten wirken so dunkel wie das ganze Jahr hindurch, nur tragen sie jetzt reichlich Zapfen, die grünlich-braun von den höchsten Wipfeln der Bäume glänzen. Durch das Beige-violett sowie das satte Gelb der Birkenblätter schimmert die weiße Rinde der Stämme.

Bläulich-grün glänzen die Kiefern mit ihren roten Schäften und bilden eine wunderschöne Farbkombination mit dem grellen Orange einiger Büsche und den Schattierungen des müde wirkenden braunen Farnkrautes.

Wolkenschatten fliehen über die Erde, und letzte Sonnenstrahlen finden ihren Weg durch das licht gewordene Geäst bis auf den Waldboden, verfangen sich in dem filigranen Kunstwerk einer Spinne. In winzigen Tropfen hängt die Feuchtigkeit in den feinen Fäden des Netzes, das den Tod für mancherlei kleines Getier bedeuten kann.

Auch in der Welt der Spinnen und Insekten gibt es, wie überall, Jäger und Gejagte.

Mit all den abwechslungsreichen, unglaublich unterschiedlichen Farbtönen von Gräsern, Büschen, Bäumen und Sträuchern zeigt sich der Oktober als der wohl farbenprächtigste Monat des Jahres. Selbst der Frühling kann ihn nicht an Variationen übertreffen.

Diese leuchtenden Farbakkorde in Dur sind zugleich aber auch Klänge in Moll, sind Verwelken, Absterben und Vergehen – läuten den Winter ein.

Zwar verteidigt bei den Murmeltieren jedes Paar sein eigenes Territorium, aber erst Gemeinsamkeit macht stark: Stets sitzt irgendwo ein Wachtposten und warnt mit lautem Pfiff sämtliche Artgenossen vor Gefahren.

HOCH-ZEIT IM REVIER DER SCHAUFLER

Für manche Jäger gilt der Damhirsch als ein Exot, als eine in Parks domestizierte Wildart, die irgendwann aus dem Gatter ausgebrochen ist und sich nun in freier Wildbahn schlecht und recht behauptet. Derjenige aber, der das Glück hat, auf Damwild jagen zu dürfen, weiß: Es ist heimlich, gewitzt, unstet und vermag den Menschen sehr wohl zu überlisten.

So vielfältig bunt wie der herbstliche Wald zeigt sich auch das unterschiedlich gefärbte Damwild. Jedes einzelne Stück ist manchmal schon durch seine farbliche Besonderheit anzusprechen.

Äugen tut es besser als andere heimische Wildarten, und da es meistens gesellig lebt, muß man außerordentlich vorsichtig pirschen. Stets sind viele Lauscher und Lichter in Aktion bei diesem immer aufmerksamen und unruhigen Wild. Es bedeutet eine besondere Herausforderung.

Noch vor einem knappen Monat schrien die Rothirsche, und der Wald dröhnte vom Knören, Trenzen und Röhren. Diese laute Brunft ist lange vorüber.

Aber der Oktober bietet dem Jäger einen neuen, besonderen Höhepunkt: die Hohe Zeit des Damwildes.

Zwischen dem 24. und dem 29. Oktober ist die Damwildbrunft in Deutschland am aktivsten. Seit Jahren ist dies so – ob es eisig kalt oder glühend heiß ist, ob trocken oder naß, ob es hagelt, stürmt oder schneit, ob die Sonne scheint oder dichter Nebel über Feld und Flur liegt.

Noch ist tiefe Nacht, als die Pirsch auf sauber geharktem Pfad an einem kleinen Schirm endet.

Bevor die erste Dämmerung anbricht, müssen all die unvermeidlichen Störungen durch den Anmarsch zum Brunftplatz der Schaufler vom Wild vergessen sein.

Schon seit einigen Tagen leuchten in dieser Ecke des Reviers zahlreiche Schlagstellen; starke Fährten in feuchter Erde sowie erste, tief in den lockeren Waldboden geschlagene Brunftkuhlen verraten, daß die Schaufler sich wieder eingefunden haben. Dem menschlichen Auge halten sie sich aber noch verborgen.

Der Kampf der Schaufler wird noch erbitterter ausgefochten als der unserer anderen Hirscharten.

»Im Nebel ruhet
noch die Welt,
noch träumen Wald
und Wiesen...«
(EDUARD MÖRIKE)

Das Hinübergleiten
aus der Ruhe in das
Wachwerden
findet nirgendwo
anders seines-
gleichen. Worte –
um das Erleben zu
beschreiben,
versagen. Man
kann nur andächtig
schauen.

Seit unzähligen Damwildgenerationen werden sie zu dieser Jahreszeit wie von einer unsichtbaren Macht aus ihren Sommereinständen zu den traditionellen Brunftplätzen gezogen. So war es immer, und so wird es wohl auch immer bleiben, solange Damwild hier seine Fährte zieht. Allmählich wird der Himmel fahl, matter und milder das Blinken der Sterne. Ist es noch das Mondlicht oder bereits der erste Schimmer des Tages, der durch den herbstlichen Wald geistert? Leichte Nebelschwaden wallen behäbig durch den Bestand, als es langsam heller wird, die Konturen der Bäume und Büsche deutlicher werden und nach der langen Nacht die Natur ihre Farben zurückerhält.

Die letzten Tage haben Regen und dazu einen Sturm gebracht, der die meisten Blätter von den Bäumen fegte.

Wo vor einer Woche noch die dicht belaubten Kronen mit ihrer herbstlichen Farbenpracht das menschliche Auge bezauberten und kaum einen Sonnenstrahl auf den Erdboden dringen ließen, wo selbst am Tage leichtes Dämmerlicht herrschte, hat man nun gute Sicht, die nur durch allerlei Unterwuchs beeinträchtigt wird.
Es ist immer noch kühl, kaum ein Windhauch regt sich. Ab und zu segelt ein einzelnes gelbes Blatt in schaukelndem Flug herab, landet neben Tausenden anderen auf dem braungelb leuchtenden Fallaubteppich vergehenden Lebens und ist, eingebettet in das Ordnungsprinzip des Naturhaushaltes, von den anderen nicht mehr zu unterscheiden.

Waidmannsheil – der für Jäger und Hund erfüllendste Abschluß der Brunft: der Schaufler.

Altweibersommer. Schwer und arg beschädigt leuchtet das Netz einer Spinne im Gebüsch und wird von einem leichten Windhauch hin und her geweht. Die Erbauerin dieses ehemaligen Kunstwerkes hat ihr Heim längst verlassen und sich irgendwo verkrochen. Auch die erwarteten Opfer, flatternde Motten, summende Käfer und kleine Fliegen, sind lange verschwunden.

Die Natur ist scheinbar müde, will sich nun zur Ruhe begeben. Doch dieser Eindruck täuscht. Zwei frisch geschlagenen Brunftkuhlen vor dem Schirm zeugen von der Präsenz und den Aktivitäten von Damhirschen. Neues Leben ist im Werden!
Gespannt wartet der Jäger im Schirm auf den ersten faszinierenden Laut eines Stück Wildes, das das ganze Jahr hindurch fast stumm war: auf den Brunftschrei eines Schauflers, auf einen Ruf, der kein Kampfschrei ist wie bei anderen Wildarten, sondern als Information an die Tiere gilt, daß ein brunftbereiter Hirsch in der Nähe steht.
Langsam vergeht die Zeit. Da, endlich, ein kurzer, bellender Ton, und aus unterschiedlichen Richtungen, von verschiedenen Brunftplätzen, kommt wenig später heisere Antwort. Die Brunft der Schaufler hat begonnen.
Die erregenden Laute vermischen sich zu einem gleichmäßigen Hintergrundkonzert, und obwohl kein Stück zu sehen ist, ist der Jäger mitgerissen von der temperamentvollen Symphonie des ungestümen, leidenschaftlichen Brunftkonzerts.
Dann kommt auch auf den Brunftplatz vor dem Schirm Leben. Ein Tier zieht aus der Dickung, verhofft, äugt in die Richtung, aus der es gekommen ist, und schon klingt es von dort rauh und herrisch: der dunkle, schnarrende Schrei eines Hirsches.
Ein weiteres Stück schiebt sich aus dem dichten Bestand, ebenfalls ein Tier, und dann stehen plötzlich mehrere graubraune Wildkörper auf dem Brunftplatz.
Unablässig wackeln dunkle Wedel über schneeweiße Spiegel, treten helle Läufe hin und her,

aber kein Hirsch, nur Kahlwild ist anzusprechen. Daß dennoch Hirsche in der Nähe stehen, verraten aber ihre heiseren Schreie.
Dann wird der farbenprächtige Herbstwald noch bunter. Zwei Knieper flüchten in seltsam anmutenden Bocksprüngen auf die Fläche und bekämpfen sich spielerisch. Nur kurz, dann erstarren sie.
Aus der Dickung erschallt, aufregend nah, wieder der kurze, schnarrende Ruf eines alten Hirsches. Sekunden erwartungsvoller, konzentrierter Spannung vergehen, dann schiebt sich ganz langsam ein weiterer Wildkörper auf die Blöße. Zwei Augen und mehrere Lichterpaare kleben gebannt an dem kapitalen Schaufler, der nun, verdeckt durch allerlei Gestrüpp, die Bühne des Brunfttheaters betreten hat und laut seinen Anspruch auf das Kahlwild kundtut.

Über einem breiten, tief gesenkten Haupt ragen mächtige Schaufeln. Sie sind auch noch gut zu erkennen, als sich der Kapitale mitten auf dem Brunftplatz niedergetan hat, ab und zu kurz und abgehackt schreit, sich wieder erhebt, ein Tier treibt und mit den Kniepern zusammen für ständige Unruhe im Rudel sorgt.
Ununterbrochen schreiend, voll damit beschäftigt, sein kopfstarkes Rudel zusammenzuhalten, umkreist der »Herr des Brunftplatzes« sein Kahlwild, und sein rauher, rülpsender Schrei hallt durch den Wald.
Der Jäger liegt längst im Anschlag, aber es vergehen Minuten, bis der Starke endlich frei und breit in einer kleinen Buschlücke verhofft.
Der laute Knall des Schusses läßt die anderen Damhirsche augenblicklich verstummen, aber nicht lange:
Noch während der Schütze nach gebührender Wartezeit zu dem Gestreckten geht, beginnt rund um ihn herum bereits wieder das herrliche, erregende Brunftkonzert der Schaufler, als sei nie ein Schuß und mit ihm einer von ihnen gefallen.

PIRSCH DURCH DEN NOVEMBER

Windböen oder Sturm, Hagel-
schauer oder Regen und Dunst:
Das sind die Merkmale des meist
trüben, ungemütlichen und grau-
en Novembers. Und da sich in der
Regel auch Nebel dazugesellt, ist
der alte Ausdruck für diesen Monat
»Nebelung« durchaus berechtigt.

Aber der Nebel hat nicht nur Nach-
teile für den Jäger: Im dichten
Dunst erlegt man oft Wild, das bei
klarem Wetter für die Flinte unerreichbar ist: Enten, Tauben und
vor allem Gänse. Für die Jagd auf
sie kann das Wetter gar nicht
»schlecht« genug sein.

Dem Schutz-
patron der Jäger
geweiht – eine
Oase der
Besinnung.

Doch besondere Vorsicht ist geboten: Der Nebel schränkt zwar die Blicke des Jägers und des Wildes ein, aber nicht den Flug der Schrote! »Der Nebel macht die Flinte länger«, sagten bereits unsere Vorfahren. Oft schneit es während des Nebelmondes in höheren Lagen bereits, und der alte Spruch »Novemberschnee tut den Saaten weh«, bewahrheitet sich dann meistens.

Aber auch die Jagden auf Schalenwild bringen ihre Probleme: Begrenzte Zeit durch das nun relativ kurze Büchsenlicht verführt zu schlechtem Ansprechen, Ansitzen bis in die tiefe Nacht macht das Wild zum Nachtwild. Doch der Monat, in dem die Jäger den Hubertustag, den Tag ihres Schutzpatrons, begehen, steht ganz im Zeichen der Jagd:

Der Markstammkohl ist noch nicht geerntet, leichte Fröste machen ihn schmackhafter für Mensch und Tier.

Damwild brunftet noch, in den Hochgebirgs-
regionen beginnt die Gamsbrunft, und das
Schwarzwild wird wegen der bevorstehenden
Rauschzeit allmählich unruhig. Die Hauptzeit
der Drück- und Ansitzjagden auf Hochwild und
auch die der geselligen Treibjagden auf Niederwild ist angebrochen.

Der Ricken- und Kahlwildabschuß beginnt zu
drängen, Bälge von Fuchs und Marder sind reif.
Weiterhin ist frettieren angesagt, damit nicht die
Myxomatose den Besatz der grauen Flitzer dezi-
miert oder sie später im Winter zu sehr zu Schaden gehen.

Erste stärkere Fröste haben die letzten
grünen Blätter und Halme dahinge-
rafft, die Bedeutung regelmäßiger und richtiger Wildfütterung
nimmt nun zu. Fasanenschüttungen sind
zu beschicken, für Rebhühner und Enten
ist zu sorgen, und mitunter ist es wegen
der unwirtlichen Witterung regional sogar
schon ratsam, dem Schalenwild kleinere
Gaben an Äsung zu reichen.

Die Reinigung und Instandsetzung
von Nistkästen ist abgeschlossen,
neue Brutmöglichkeiten für das
kommende Jahr können aber
gewiß noch aufgehängt werden.
Trotz all dieser Geschäftigkeit
bietet der »Nebelmond« auch
für die besinnliche Einzeljagd
noch Raum.

Reinigung der Nist-
kästen – Hegearbeit
im Herbst, bei der der
Hund Gesellschaft
leistet.

NOVEMBERNEBEL

Ob braune
Bucheckern...

... oder reife glänzende Kastanien,
nun ist das Futterangebot für das Wild
besonders reichhaltig.

...dicke,
dunkel gefärbte
Eicheln...

Die letzten leuchtenden, zwar wolkenlosen, aber kurzen Tage hatten ein wenig darüber hinweggetäuscht, daß sich der Herbst allmählich seinem Ende zuneigt und der Wald ganz langsam zur großen winterlichen Ruhe rüstet.

Grauverhangen sind die Tage im November, und es wird noch früher dunkel als ohnehin schon.

Spaziergänger trifft man in dieser Jahreszeit nur selten, und Pilzsammler haben ihre »Ernte« abgeschlossen. Längst verstummt ist das Brunftkonzert von Rot- und Damhirsch. Es herrscht wieder Stille im Wald.

Keine lauten, vor Leben sprühenden fröhlichen Vogelstimmen sind mehr zu hören, höchstens dünnes Zirpen eines im Fichtengeäst herumturnenden Meisenschwarms oder das leise Wispern der Goldhähnchen.

Wo noch vor wenigen Wochen bunte Blätter in den leuchtenden Farben des Herbstes prangten, ragen nun dürre Zweige und kahle Äste in den Himmel.

Vor einigen Tagen haben die Waldarbeiter Holz gefällt. Das Kreischen der Motorsägen, das Schlagen der Äxte und das Stöhnen der fallenden Baumriesen sind mittlerweile jedoch verstummt. Der Wald hat seine Ruhe wieder.

Auf den zerfurchten Holzabfuhrwegen, im Schutze der diesigen Tarnkappe, stolpert der Jäger zu einer offenen Ansitzleiter am Waldrand. Vergeblich lauscht er in das große Schweigen, kein Laut ist zu vernehmen. Es scheint, als sei er mit seinem Hund ganz allein auf der Welt.

Wenn nicht ab und zu ein Regentropfen ins Laub auf den Erdboden platschte, wäre es grabesstill. Hin und wieder bewegt sich ruckweise einer der dünnen, noch ganz spärlich belaubten Buchenzweige, zuckt nach unten und schnellt wieder hoch, wenn ein

Nicht leistungs-
starke Maschinen
oder monotone,
leblos tätige
Geräte, sondern
die »1 PSler«
sind die zuver-
lässigsten Helfer
bei der Bergung
des geschlagenen
Holzes.

Man sieht sie
selten, die heim-
lichen Sieben-
schläfer, da sie
erst in der Däm-
merung und
nachts herum-
turnen oder
einen tiefen, sehr
langen Winter-
schlaf halten.

dicker Wassertropfen auf eines der Blätter fällt, und genauso zuckt der Jäger zusammen, als in taumelnden Bewegungen ein trockenes braunes Blatt zu Boden schwebt.

Irgendwo, für Herrn und Hund unsichtbar, zieht hinter dichten Wolken die Wintersonne ihre flache Bahn am düster verhangenen Himmel. Das matte Licht reicht nur für einen knapp bemessenen Herbsttag und nur für einen recht kurzen Ansitz an einem müden Novembernachmittag.

Da – aus der dunklen Krone einer hohen Kiefer leuchtet es hell herüber: Ein fast weißer Mäusebussard fußt auf einem der starken Außenzweige, bestätigt der Blick durch das Fernglas. Wahrscheinlich ist es ein Gast aus dem hohen Norden, den die Not oder die Ahnung nach Süden getrieben hat und der hier den nahenden Winter verbringen möchte.

Und der dunkle, verhangene Novembertag bringt weiteren, erfreulichen Anblick. Am Waldrand äst vertraut ein Rehbock am trockenen, hellbraunen Gras, das sich unter der Last schwerer Wassertropfen tief zu Boden senkt.

Der Heimliche hat noch nicht abgeworfen und ist deshalb problemlos als alter Bekannter anzusprechen. Er wurde zur Jagdzeit vermißt, ist aber nun wieder in seinem alten Einstand zu beobachten. Schließlich zieht der reife Bock wieder zurück in die Deckung des dichten Waldes, wird wieder unsichtbar, so wie in den vergangenen dreieinhalb Monaten, und nichts

Lebendiges scheint sich weit und breit zu regen. Weder Drosselgezeter noch Häherwarnen weisen auf die Anwesenheit von Wild hin. Nur Dunst tropft von den Bäumen, leise, sanft und einschläfernd, und ein etwas farbloses Leuchten kriecht durch den Wald. Ein leichter, heller Glanz geistert kurz über das dunkle braune Laub auf dem Erdboden. Nur für

wenige Momente hat es den Anschein, als klare der Himmel auf, aber schon ist es wieder trübe, diesig, dunstig.

Eine sanfte Windböe läßt Blätter durch die Luft taumeln, träge, langsam, kein fröhliches, lebhaftes Wirbeln wie an einem sonnigen Herbsttag.

Hart schlägt eine fallende Eichel von Ast zu Ast, pocht dann dumpf ins Fallaub und läßt Hund und Jäger für einen kurzen Herzschlag zusammenfahren. Dann ist es wieder still.

Silbern glänzen die Birken durch die beginnende Dämmerung, und dazwischen spielt der leichte Wind mit dünnen Nebelschwaden.

Da wirft der Hund auf, sichert gebannt nach links den breiten, grasbewachsenen Waldrand hinunter, erhebt sich und setzt sich auf das leise Zischen seines Herrn widerwillig. Er zittert am ganzen Körper, denn knapp siebzig Gänge entfernt erscheint ein Stück Rehwild auf dem Weg, und ein weiteres tritt aus dem dämmerdunklen Hochwald. Der Bock ist nicht unter den beiden, bestätigt ein Blick durchs Glas. Milchige Schwaden wandern lautlos über den Weg, lassen für Momente die beiden Stücke im bleigrauen Dunst verschwimmen. Dann aber zeigt das lichtstarke Fernglas ganz deutlich: eine Ricke mit ihrem schwachen, weiblichen Kitz!

»Markwart« oder »Papagei des deutschen Waldes« nennt man den Eichelhäher auch im Volksmund.

Langsam sinkt das Glas wieder, und der Schaft der Büchse wandert stattdessen behutsam an die Schulter.

Der Hund registriert alles sehr aufmerksam. Als er merkt, daß das Gewehr gehoben wird, zittert er noch stärker und starrt unablässig zu den beiden Rehen, die vertraut im letzten Licht des dunklen, dunstigen Tages an dem verdorrten Beerengerank äsen. Trotz wabernder Novembernebelschwaden erscheint das schwache Kitz klar im Absehen des Zielfernrohres. Als es breit steht und aufwirft, bricht in die angespannte Stille der laute Knall des Büchsenschusses.

So weit fortgeschritten ist der trübe Tag bereits, so dämmerig ist es geworden, daß das Mündungsfeuer den Schützen blendet und er für ganz kurze Zeit kaum etwas in seiner Umgebung erkennen kann. Er sieht aber, daß das beschossene Reh nach wenigen, müden, taumelnden Fluchten vom Nebel verschluckt wird.

Der passionierte Hund ist, kaum war der Schuß verhallt, ruckartig aufgesprungen, würde wohl am liebsten sofort zu der Stelle stürmen, an der das Kitz verschwand. Stattdessen schaut er erwartungsvoll zu seinem Führer hoch, der beruhigend auf seinen vierläufigen Begleiter einredet. Erst nach einer Viertelstunde steigt der Schütze vom Hochsitz und läßt sich von seinem Hund

zum Anschuß führen. Wenige Minuten später stehen beide vor dem verendeten Stück im tau-nassen Gras am Rande des Hochwaldes.
Während des Aufbrechens wird das Licht schnell schwächer. Stockdunkel ist es schließlich, als der glückliche Jäger sich den Rucksack auf den Rücken wuchtet, die Büchse schultert, den Hund anleint und sich die beiden durch den feuchtkal-ten Dunst im großen Schweigen des fallenden Novembernebels nach Hause tasten.

Novemberrehe, mit schwindender Deckung immer aufmerksamer werdendes Wild. Auf sie zu jagen ist mitunter recht schwierig und daher besonders reizvoll.

FREUDEN DES WACHTEL-JÄGERS

»Hunde rein um 10.30 Uhr!«
Bewegung geht durch die große Gruppe der gespannt zuhörenden Jäger, als der Jagdherr dies verkündet.

Manche reißen hektisch ihr Handgelenk hoch, andere schauen eher gelassen oder unauffällig auf ihre Armbanduhr, und ein Bläser kramt umständlich in seiner Hose nach der Taschenuhr, um die Zeit zu vergleichen.

Es ist 8.45 Uhr, aber es wird gewiß eine Weile dauern, bis alle Schützen zu ihren Ständen gebracht und eingewiesen sind.

Viel später blickt der Jäger wieder auf seine Uhr: 10.10 Uhr ist es, noch mindestens zwanzig Minuten, bis erster Hetzlaut erklingen wird, erstes erregtes und erregendes Gekeife der Hunde. Das ab und zu leise Rauschen der Bäume, aber sonst große Schweigen des Waldes verzaubert.

Auf einem Dreibein, an einer wohl vierzigjährigen Buche, harrt der Jäger an einem leichten Hang im hohen Altholz. Um sich herum hat er mit den Füßen den Erdboden vom Laub freigescharrt, damit ihn möglichst kein raschelndes Geräusch dem anwechselnden Wild verrät. Weit entfernt bellt ein Schuß, und kurz darauf knallt es noch zweimal aus derselben Richtung. Endlich, nach knapp einer Stunde fast regungslosen Wartens, erklingt

Auf dem Ansitz: Hier ist der Mensch seiner Umgebung be- stens angepaßt. Nur wirklich passionierte Jäger bringen die Ge- duld auf, stunden- lang – oft ergeb- nislos – zu warten, um endlich diesen ersehnten Abschuß zu erleben.

Ein »Urgestein«
von Jäger – ur-
wüchsige Hunde
– seit Urzeiten
ausgeübte Jagd.

weit entfernt Hundelaut und reißt den Jäger aus seinen Träumen.

Zu der hellen gesellt sich kurz darauf eine weitere, viel dunklere Stimme, aber das Duo kommt nicht näher.

Gespanntes Lauschen, bis sich das Geläut verliert. Als der Jäger gerade wieder die Büchse auf seine Knie legen will, erhascht er links von sich eine Bewegung: Ein Fuchs schnürt unbekümmert auf ihn zu.

Als der Rotrock abdrehen will, zeichnet er sich klar im Absehen des Zielfernrohres ab, verschwimmt fast mit dem braunen Laub im Hintergrund, aber die gute Tarnung nützt dem roten Freibeuter nichts.

Kurzes Mäuseln aus dem Mund des Menschen, und als Reineke abrupt verhofft, neugierig zu der dicken Buche äugt, woher das verlockende Geräusch kam, steht das Fadenkreuz ruhig auf seinem Blatt. Den Knall des Schusses hat der rote Schelm nicht mehr gehört.

Viel Zeit und Muße bleibt nicht, um sich über diesen erfolgreichen Anfang der Jagd zu freuen, denn nun kommt jubelnder Hetzlaut auf den Jäger zu. Auf ungefähr zweihundert Meter leuchtet zwischen den dicken wettergegrünten Buchenstämmen ab und zu eine rote Warnhalsung auf: ein jagender Wachtel.

Eine Ricke flüchtet mit ihrem Kitz in hohen Sprüngen vorüber, und beide verschwinden im dichten Gewirr einer Buchenverjüngung, werden förmlich von ihr verschluckt, verschwimmen mit dem Gezweig der kleinen, noch braun belaubten Bäumchen, die dem Wild fast perfekte Deckung vor dem Menschenauge geben.

Beide Stücke verhoffen regungslos, nur dreißig Gänge von dem Jäger entfernt, und äugen zu dem laut jagenden Hund.

Der ist längst von der warmen Fährte abgekommen, jagt nun waidlaut nur wenige Meter an den Rehen vorüber und verschwindet. Als das Geläut längst mit dem leisen Rauschen der hohen Buchen verschmolzen ist, kommt wieder Bewegung in die Rehe. Sie verlassen den Jungwuchs aber nicht. Auf knapp vierzig Meter kann man ihr Verhalten zwar gut beobachten, aber ein sicherer Schuß ist nicht möglich.

Spannend ist es aber trotzdem, und die Minuten fliegen dahin, bis fast eine halbe Stunde verstrichen ist.

Das Rehwild verharrt in den Buchenrauschen, ab und zu ist ein Lauscherpaar oder ein Stück Decke zu sehen, braun in braun mit dem welkenden Laub, aber die Büchse bleibt auf den Knien liegen.

Das Wild steht zu verdeckt.

Hundelaut kommt näher, geht wieder fort, zweimal, dreimal beschleunigt er den Pulsschlag des Jägers: helle Stimmen, wütendes Gekläffe, sich überschlagendes Gejiff, erregtes Gekeife, dunkles, sonoriges Bellen, alles durcheinander. Aber die Suche der passionierten Vierläufer ist nicht mehr so konzentriert wie zu

Spannende Jagd
auf Meister
Reineke: Nur mit
Überlisten, gedul-
digem Lauern,
Beobachten kann
man dem „Roten
Freibeuter" bei-
kommen; umso-
mehr aber freut
sich der Jäger über
den erfolgreichen
Abschuß.
Der Fuchs ist leider
das letzte große
Raubwild unserer
Wälder.

Auch wenn es schon kühler geworden ist, gilt es, erlegtes Schwarzwild möglichst bald nach dem Schuß aufzubrechen, um Verhitzen zu vermeiden.

Anfang der Jagd. Zuviel Wildwitterung, zu viele verschiedene Fährten von Reh und Sau, dazu ziehen bereits frische Spuren von Fuchs und Hase über den Waldboden.

Die Hunde sind müde, werden unkonzentriert und verunsichert nach stundenlangem Jagen. Kaum können sie noch eine bestimmte Fährte oder Spur über eine größere Entfernung halten.

Das Wild macht geschickte Widergänge und läßt sich von seinen Verfolgern kaum noch beeindrucken.

Zwei Wachtel kommen waidlaut auf einer imaginären Spur heran, hetzen vorüber, passieren die Rehe in den Buchen auf wenige Gänge und verschwinden lauthals kläffend. Dann ist für kurze Zeit wieder Ruhe, aber Stille herrscht nicht.

Vereinzelte Schüsse und Hundegeläut zaubern Spannung, manchmal Hochspannung.

Wind schluckt die Geräusche, der schweigende Wald glättet Gefühle und beruhigt die Nerven – spannende Stille, tätiges Nichtstun. Innerlich aufgewühlt, äußerlich gelassen, erwartet der

Jäger näherhetzenden Hundelaut. Helles, wütendes Gejiffe ist es, klingt eher nach dem Gekeif eines kleinen, giftigen Terriers, aber es sind nur Wachtel im Treiben eingesetzt.

Das Rehwild läßt sich von der Drückjagdmusik nicht merklich stören.

Während der Hund noch weit entfernt lauthals sucht, kommt ein einzelner, versprengter Frischling auf den Jäger zu.

Im langsamen, stetigen, gleichmäßigen Trott flüchtet er aus derselben Richtung, aus der der Fuchs kam, vorüber, und auf vierzig Gänge erreicht ihn die Kugel. Vier, fünf beschleunigende Fluchten mit krummem Rücken, dann wird der Kujel langsamer, und während der Jäger repetiert, bricht der Frosch zusammen, schlegelt noch einige Male und ist verendet.

Entspannt, die Büchse wieder auf den Knien, wandern die Blicke des Jägers zu dem Erlegten. Zufrieden hält er Rückschau.

Ein anschließender Blick zu den jungen Buchen offenbart ruckartige Bewegungen einiger Zweige in »Äserhöhe«: Die beiden Rehe sind noch da.

Zwei oder gar drei Minuten später leuchtet wieder eine rote Warnhalsung durch den Bestand, und angekündigt durch stetigen, hellen Hetzlaut, kommt mit tiefer Nase ein Wachtel, zehn Meter neben dem Wechsel, auf dem der Frischling erschien. Er verhofft, kreist, nimmt den Kopf hoch und bekommt Wind von dem verendeten Kujel. Mit seiner kurzen Rute wedelnd, eilt der braune Hund auf seine Beute zu, bewindet sie kurz, gibt noch zweimal Hals und trottet dann stumm den gleichen Weg zurück, den er gekommen war.

Noch eine Viertelstunde, bis es heißt: »Hahn in Ruh«, zeigt ein Blick auf die Uhr.

Ein Wachtel nähert sich langsam aus entgegengesetzter Richtung, aus der Fuchs und Sau kamen. Als er den Jäger erblickt, trottet er hechelnd, mit hängendem Kopf, aber schwanzwedelnd auf ihn zu, beleckt sich die Ballen und

läßt sich einige Meter neben dem Mann müde auf den Boden plumpsen.

Drei Stunden hat er wahrscheinlich ununterbrochen und laut gejagt. Sein Fell ist völlig durchgeweicht. Nach wenigen Minuten schleicht der Hund an die Seite des Jägers. Genüßlich läßt er sich hinter den Behängen und dann zwischen den Vorderläufen kraulen. Dankbar und entspannt genießt er die Liebkosung, und auch der Jäger ist zufrieden. Welch unsagbare Hoffnung, Liebe und Vertrauen glaubt man aus den dunklen Hundeaugen zu lesen!

Da treten Ricke und Kitz aus den Buchenrauschen; aufreizend langsam ziehen sie vertraut fort, ohne den Hund oder den Menschen zu bemerken.

Vorsichtig, die Rehe nicht mehr aus den Augen lassend, geht im Zeitlupentempo der Büchsenschaft vor die Schulter.

Mit einem Ruck erhebt sich darauf der Hund, wedelt mit der kurzen Rute, legt seinen Fang auf das Knie des Jägers, wo eben noch das Gewehr ruhte, und blickt seinen neuen Freund flehend an.

Als der Jäger ihn nicht sonderlich beachtet, sondern seine Ellenbogen auf den Knien abgestützt, das Kitz anvisiert, das noch halbverdeckt hinter der Geiß steht, quiemt der Hund laut und hoch.

Schüsse und die anderen Hunde haben die Ricke nicht sichtlich beeindruckt, aber nun wirft sie auf und äugt starr herüber.

Mehrere Augenblicke lang, dann springt sie schreckend ab.

Nach einigen Fluchten verhoffen beide Stücke. Der Hund quiemt noch einmal laut und durchdringend und legt dabei seine Vorderpfote auf den Oberschenkel des Jägers.

Der läßt amüsiert die Büchse sinken, pardonniert die beiden Rehe und widmet die letzten zehn Minuten des spannenden, stimmungsvollen Jagdtages intensiv seinem neuen vierläufigen Jagdkumpanen mit dem haarigen Gesicht und den bettelnden Augen. Er hat es sich wirklich verdient.

FLINKE FRETTCHEN, GRAUE FLITZER

Frettchen, vier-
läufige kleine
Jagdhelfer,
haben nun ihre
Hauptjagdzeit.
Sie sind der
»verlängerte
Arm« des
Jägers dort,
wo er ohne sie
nicht hin-
gelangen kann.

Im hohen Heidekraut zwischen den spärlichen Kiefernkusseln huschen immer wieder in höllischem Tempo Kaninchen fort. Nur für Sekunden tauchen die grauen Flitzer auf, um sofort wieder in eine der fast unzähligen Röhren zu verschwinden.

Sicherer Anschlag, Reaktionsfähigkeit, Schnelligkeit sowie große Aufmerksamkeit und Konzentration sind vom Jäger gefordert, will er hier zu Schuß und Beute kommen. Aber er hat vierläufige Hilfe: die Hunde und Frettchen.

An einer riesigen »Kaninchenburg« wird der Kasten mit dem kleinen domestizierten Iltis abgesetzt, während der Münsterländer interessiert die teilweise von hellem Sand weit leuchtenden Einfahrten der vielen Röhren bewindet.
Massenweise liegt Kaninchenlosung auf kahlgeästen beige-grauen Sandflächen, und gutes,

zwanzig bis dreißig Meter weites Schußfeld läßt diese Stelle für erfolgreiches Frettieren ideal erscheinen. Ein Dorado für Karnickel und Jäger gleichermaßen!
Während der Hund aufmerksam das Tun seines Herrn beobachtet, nimmt dieser behutsam sein Frettchen aus der Kiste, setzt es an einer Röhre, die frisch befahren scheint, an und harrt, acht Meter davon entfernt, mit guter Sicht über mehrere Einfahrten gespannt auf das Erscheinen eines Lapuzes.

Lange braucht er nicht zu warten. Durch vernehmliches Rumpeln unter der Erde kündigt sich ein Kanin an und rolliert in einer Schrotgarbe, nachdem es förmlich aus dem Boden katapultiert wurde.
Während sich der Schütze noch nach der leeren Patronenhülse bückt, die der Ejektor seiner Flinte hinter ihn geworfen hat, springt ein zweiter grauer Strich blitzschnell aus der gleichen Röhre und bringt sich unbeschossen in einem entfernten Bau in Sicherheit.
Der Hund kennt diese Jagd.
Mit einer gewissen Gelassenheit beobachtet er seinen Herrn, achtet genau, ob ein Karnickel gefehlt wurde oder nicht, und sobald ein Kaninchen getroffen ist, apportiert er es seinem Herrn.
Da flüchtet ein beschossenes, deutlich

Nach anstrengender Arbeit: zurück in den Kasten – bis zum nächsten Einsatz.

Tageslicht befördern. Noch einmal gutgegangen. Dreimal erscheint kurz der Kopf des Frettchens über der Erde, wieselflink entkommt es aber genauso oft wieder und verschwindet unter Tage, bevor der Jäger es greifen kann.

Wie aus der Pistole geschossen verläßt erneut ein Kanin den Bau, verendet im tödlichen Hagel, und ein zweites springt, während der Schütze seine Flinte nachlädt. Als er die Flinte zuklappt, hat es seinen Balg bereits gerettet.

Es poltert wieder unter der Erde. Ein grauer Flitzer macht gleich danach seinem Namen alle Ehre und entkommt unbeschossen.

Wolleflöckchen treibt der Wind vor sich her. Sie schweben scheinbar schwerelos dahin, bis sie irgendwo im Gestrüpp hängenbleiben.

Endlich kann das Frettchen wieder eingefangen werden. Es ist erschöpft von der anstrengenden Arbeit unter Tage und rollt sich bald in seiner Kiste zusammen.

Während der Jäger zufrieden im trockenen Heidekraut sitzt und seine Beute versorgt, betrachtet ihn sein Hund mit großen Augen, aus denen die Frage abzulesen ist: »Warum jagen wir denn nicht weiter?«

getroffenes Kanin noch in die nächstgelegene Röhre. Im hellen Sand war die Lage der Schrotgarbe deutlich zu erkennen. Nun rast der Hund los, scharrt aufgeregt am Eingang des Baus, in dem der graue Blitz verschwunden ist, daß der Erdboden nur so spritzt, und wenig später kann der Schütze, nachdem er, auf dem Boden liegend, tief in die Röhre greift, das verendete Kanin ans

Stelldichein der Langohren, wie lange werden wir ihr vergnüglich anzuschauendes Treiben noch erleben?

MUFFEL

Eisiger Wind weht, als sich der Jäger mit seinem Hund an der Seite der großen Wildwiese nähert. Leichter, leuchtender Rauhreif hat Hecken und Halme, Blätter und Büsche verzaubert.

Durch die Stämme hindurch leuchtet das braune Gras der weiten Fläche herüber. Doch noch etwas nimmt der Jäger wahr: Mehrere Wildsilhouetten ziehen auf der Wiese unruhig hin und her.

Der Puls pocht vor Aufregung heftiger, denn es ist Muffelwild, das dort am späten Nachmittag ausgetreten ist!

Im Schutz des Hochwaldes könnte man es anpirschen, aber da macht der scharfe Pfiff eines aufmerksamen Stückes alle aufkeimenden Hoffnungen zunichte.

In der Entfernung eines guten Büchsenschusses überfällt das Rudel hochflüchtig den breiten Weg, und die Waldbühne ist wieder leer.

Soviel aber war noch zu sehen: Ganz am Ende des großen Trupps folgte ein starker Widder.

»Das Haar, das der Jäger verlor, wird vom Hirsch vernommen, vom Keiler gewittert und vom Widder geäugt.« Diese Erfahrung vieler Jägergenerationen über die feinen und besonders ausgeprägten Sinne des Muffelwildes haben sich wieder einmal bestätigt.

Das tagaktive Wild ist gerade zu dieser Jahreszeit sehr vorsichtig. Noch am Anfang der Jagdzeit sah man es am Tage auf fast jedem Pirschgang, aber nun bleibt es oft bis zur Dunkelheit in seinen Einständen und ist meist schon vor Büchsenlicht wieder wie vom Erdboden verschluckt.

Eine ungemütliche Windböe wirbelt einige Blätter hoch, doch das feuchte Laub ist schwer und sinkt schnell auf den nassen Waldboden zurück.

Der Wind aber steht günstig, und erwartungsvoll

225

Was wirkt wohl eindrucksvoller: diese gewaltigen Schnecken oder ein kapitales Geweih? Beide zeigen Kampfkraft, Eleganz und Würde. Die Natur hat jedem den ihm passenden Kopfschmuck gegeben.

Auch die Muffel-
schafe wirken
kräftig und
selbstbewußt,
aber auch sie
sind sehr
vorsichtig.

führt daher die Pirsch zu der Leiter an der Wildwiese.

Schon nach kurzer Wartezeit zieht ein junger
Rehbock aus dem Wald. Trotz des noch vollen Ta-
geslichtes ist es nicht einfach, ihn auszumachen.
Fast perfekt ist seine Tarnfarbe; grau in grau,
braun in braun verschwimmt er mit dem Gras
des Hintergrundes.

Noch zwei Stunden wird Büchsenlicht
sein. Ob das Wild an diesem Abend
noch einmal austritt?
Zwei Misteldrosseln vertreiben dem
Jäger die Zeit. Mit großen Sprüngen suchen sie
zwischen den verdorrten Gräsern nach Wür-
mern und stieben dann laut schackernd davon.
Durch das starke Fernglas werden die hübschen
Vögel vom Hochsitz verfolgt.
Ein lateinisches Sprichwort sagt: »Turdus ipse
sibi cacat malum« – »Die Drossel macht ihr
Unglück selber.«

Wie treffend, denn die Misteldrossel verzehrt die
Beeren der Mistel und scheidet die gequollenen
und keimfähigen Samen im Geäst der Bäume
wieder aus. Der Vogel trägt so zur Verbreitung
jener Pflanze bei, aus der in südlichen Ländern
der Leim zum Drosselfang hergestellt wird.
Der Grund der plötzlichen Flucht erscheint be-
reits nach wenigen Minuten am Waldrand.
Regungslos leuchtet die helle Maske eines Alt-
schafes aus dem dunklen Bestand herüber. Die
Lichter, so scheint es, sind starr auf den Hochsitz
gerichtet.
Erst als das Stück nach endlos erscheinender Zeit
zu äsen beginnt, löst sich die Anspannung des
Jägers.
Nachdem das Schaf mißtrauisch am Rand des
Altholzbestandes entlanggezogen ist, sprudelt
der Rest des Rudels nun förmlich aus der
Deckung heraus. Muffelwild in geballter Front!
Sechs oder sieben Schafe und etwa ebenso viele
Lämmer, zwei Schmalschafe, dazwischen taucht

ein Schneckenpaar auf. Der wohl dreijährige Zukunftswidder läßt Hoffnung für die nächsten Jahre aufkommen.

Mit seiner dunklen Mähne und der hellen Schabracke sticht er auffallend aus dem Rudel hervor. Vorsichtig nähert er sich flehmend einem der Schafe.

Da – erregt hält der Jäger für kurze Zeit den Atem an, deutlich und unverkennbar zu vernehmen: das Aufeinanderprallen von zwei Schneckenpaaren! Im tiefen Wald fechten offenbar zwei Widder ihren lauten Brunftkampf. Noch einmal klingt es laut herüber.

Als die Schatten einiger besonders hoher Bäume am gegenüberliegenden Waldrand so lang geworden sind, daß sie sich auf dem Boden schon fast bis zur Kanzel vorgetastet haben, erscheint, durch aufgeregtes Vogelgezeter angekündigt, zwischen den Stämmen des dämmrigen Waldes erneut ein Stück Muffelwild.

Nur schemenhaft ist es im diffusen Zwielicht des Waldschattens zu erkennen. Aber soweit reicht das Licht auch dort noch: Ein gewaltiges Schneckenpaar offenbart der Blick durch die stark vergrößernde Optik. Etwas Diabolisches geht von dem kapitalen Widder aus, der aus seiner Deckung heraus unbeweglich zum Rudel äugt.

Unaufhaltsam nimmt das Licht ab. Die Dämmerung gewinnt schnell über den schwindenden Tag, die Umrisse der Bäume und Büsche verwischen.

Schließlich kommt Bewegung in den mächtigen Wildkörper, und dann trollt der Alte über die freie Fläche auf das Rudel zu, nähert sich einem offenbar hochbrunftigen Schaf. Er beleckt es, legt seinen Träger auf die Kruppe, stößt es mit dem Windfang an den Flanken.

Das Schaf weicht aus, der Widder zieht hinterher. Gierig nimmt er den Brunftgeruch auf, verhofft dann flehmend, bald mit tiefem, bald mit

hohem Haupt und versucht, das Schaf zurück in den Einstand zu drängen. Muffelwild liebt die Brunft eher still in gedecktem Gelände und nicht auf offenen Flächen.

Vorsichtig greift der Jäger zur Büchse, und unbemerkt vom Wild gleitet der Schaft langsam vor die Schulter. Es besteht aber keine Möglichkeit, einen sicheren Schuß abzugeben. Ständig befindet sich das große Rudel in Bewegung, und die Stücke stehen meistens so dicht beieinander, daß ein Paketschuß unvermeidlich wäre. Dabei überragt die kapitale Kopfzier des Widders alles andere auf der bewegten Wiese.

Die Dämmerung hat nun auch mit Riesenschritten die Wildwiese betreten.

Endlich verhofft der Herr des Rudels, steht frei, und peitschend nimmt die Kugel ihren Lauf.

Im Schuß gerät die Fläche in ein wildes Durcheinander. Während der Jäger seine Büchse durchrepetiert, flüchtet das Rudel zurück in den schützenden Wald. Den alten Widder aber tragen seine Läufe nur noch wenige Meter, dann liegt er verendet im verdörrten Gras der großen Wildwiese.

Den Schützen hält es nicht lange auf seinem Sitz. Erfüllt tritt er mit dem Hund zu dem Gestreckten, und erst als es völlig dunkel ist, beendet er seine stille Andacht und macht sich unter dem Licht der ersten Sterne an die rote Arbeit.

Besonders in der Herbstfärbung sind die Widder ihrer Umgebung vorteilhaft angepaßt.

WENN DER KAHLWILDABSCHUSS DRÄNGT

Novembermorgen – Zeit zwischen Traum und Tag. Noch schweigt die Zivilisation, noch gehören Stimmungen und Stimmen der Natur. Die Ruhe im Wald und der Friede, der auf und in ihm liegt, beflügeln die Schritte des Jägers am Ende seiner ausgedehnten Frühpirsch, die er auch zum Abfährten nutzt.

Die langsam aufgehende Sonne vergoldet die Stämme der Kiefern, versilbert den Nebel, der auf den braun begrasten Waldschneisen ruht, bringt Farben und Leben zurück, die am Abend vorher zur Ruhe kamen, verschwammen, und nun wieder von neuem auferstehen.

Nach erfolgreicher Jagd auf den Brunfthirsch gilt es nun, den Kahlwildabschuß zu erfüllen.

Mehrere Abende hatte der passionierte Jäger bereits auf der Kanzel an der Erdbeerbahn gepaßt, um dem Wild den Wechsel von den vertrauten Tageseinständen zu den fast abgeernteten Feldern abzuschneiden.

Die Ansitze aber waren jedesmal erfolglos.

Außer einer Ricke mit ihrem starken Kitz hatten sie keinen Anblick gebracht.

Das erhoffte Rotwild trat zwar wahrscheinlich immer zur selben Uhrzeit aus, nicht später als sonst, aber durch das von einem Sonnenuntergang zum anderen früher schwindende Tageslicht passierte es die breite Bahn erst, wenn das

Büchsenlicht längst geschwunden war. Dabei lagen die Fährten des sechsköpfigen Rudels auch heute wieder wie jeden Morgen in dem hellen Sand des Weges, und es bestand kein Zweifel, daß das Wild in der Nacht den gewohnten Wechsel über den großen Kahlschlag gezogen war.

Vor einigen Jahren war ein Sturm, ein Orkan über die angrenzende Fläche gefegt, hatte manche Baumriesen wie Streichhölzer abgeknickt und eine riesige Verwüstung angerichtet.

Waldarbeiter hatten, wegen der drohenden Borkenkäfergefahr, den Schaden bald aufgearbeitet und neue kleine Bäumchen gepflanzt.

Tagelang kreischten damals die Motorsägen, anschließend quälten sich Riesenschlepper über aufgeweichte Rückeschneisen und fuhren das Langholz ab.

Schon im darauffolgenden Sommer leuchteten Weidenröschen dort, wo der Wind tiefe Wunden geschlagen hatte. Sprießendes, frisches Grün sowie wild wuchernde Naturverjüngung sorgten mit abwechslungsreicher Äsung für alles Wild und ließen das Unheil fast vergessen. Aber eben nur fast.

Manche der großen Bäume hatten nämlich im Fallen mit ihrem gewaltigen Wurzelwerk hohe Erdballen herausgerissen, die nun wie riesige Schilde aufrecht aus dem Waldboden ragen und noch an den Windwurf erinnern.

Diese Wurzelteller der vom Sturm gefällten alten Kiefern sowie deren langsam vermodernde Überreste bieten zwischen den jungen Pflanzen allerlei Vögeln und Kleingetier Nistmöglichkeiten, sorgen für Deckung und Verstecke.

Brauntrockene, absterbende Farnkrautwedel haben sich locker über die jungen, von Menschenhand gepflanzten Bäume gelegt, als wollten sie ihnen Schutz vor Schnee und Frost bieten, und in das vergehende Gewirr von Stengeln und Halmen hat das Wild breite Wechsel getreten.

Die Brunft ist vorbei. In dieser Zeit hat der Kahlwildabschuß Vorrang vor anderem Waidwerk.

Da seit mehreren Tagen der Wind aus Osten weht, hat es allerdings wenig Sinn, auf dem Rückwechsel hier anzusitzen. Das Rudel würde, bevor es sich dem Tageseinstand nähert, bereits die verräterische Witterung des Jägers wahrnehmen.

Am Abend direkt an dieser Fläche auf das Austreten des Rudels zu warten, scheint erfolgversprechender, als am Morgen oder auf der Kanzel zu harren, und daher steht der Entschluß fest: Den Abend wird der Waidmann nahe am Einstand auf dem Erdboden, in Deckung eines der großen Wurzelballen verbringen.

Aus solch einem großen Rudel das richtige Stück gerecht zu strecken, zeigt die wahre Kunst des Jägers.

Es ist mucksmäuschenstill. Wohltuende und doch angespannte Ruhe herrscht. Doch dann klingt ein Rascheln aus der Richtung, aus der die Sonne letzte Helligkeit vom dämmernden Himmel strahlt. Angestrengtes, aber behutsames Ableuchten des Waldbodens mit dem Fernglas bringt schließlich Gewißheit: Ein Eichelhäher hockt dort im braunen, dürren Gewirr aus welkem Laub und trockenem Gezweig, stochert mit dem

Schnabel in der Erde, macht ein paar hüpfende Sprünge, sichert und sucht dann lautstark weiter – wahrscheinlich nach von ihm selber versteckten Eicheln oder Bucheckern.

Schließlich streicht Marquart davon.

Dunst kommt auf. Der Ruf eines Schwarzspechtes, wehmütig und fast wie verloren, unterbricht kurz die Stille. Dann streicht der schwarze Geselle mit der roten Kopfhaube vorüber und verschwindet in den dunklen Kronen der alten Bäume.

Der Wind spielt mit den zarten Nebelschwaden, und die wenigen Birken am Rand des Hochwaldes glänzen silbern durch die sich sacht heranschleichende Dämmerung.

Da fährt der Jäger wie elektrisiert zusammen. Von dort, wo er den Tageseinstand des Rotwildes vermutet, erklingt leise kurzes Brechen. Ein Stadtmensch hätte es wahrscheinlich gar nicht beachtet, aber die geübten Ohren des erfahrenen Jägers haben es wohl vernommen.

Der Waidmann ist sich sicher: Dort zieht Hochwild durch den dichten Bestand. Für Rehe oder anderes Niederwild ist das Knacken zu laut, nur ein starker Wildkörper unter großen Schalen kann es verursacht haben.

Noch einmal bricht es, diesmal näher. Der Jäger macht sich noch kleiner, umfaßt den Pistolengriff seiner Büchse noch fester.

Die Blicke wandern an der Dickungskante entlang, machen halt, wandern zurück, können aber vorerst noch nichts »Wildes« erspähen.

In den hohen Baumkronen rauscht und raunt der leichte Novemberwind, und dann erneut das deutliche Knacken von Zweigen. Wenige Pulsschläge später tauchen, nur vierzig Gänge entfernt, drei Schatten aus der Anonymität des Waldrandes.

Riesengroß erscheinen sie, und das Glas zeigt ein Alttier, sodann ein Schmaltier und ein Kalb, die dicht zusammengedrängt an der Kante verhoffen.

Kurz darauf quellen drei weitere Wildkörper aus dem Wald.

Noch ein Alttier, ein schwacher Hirsch sowie ein weiteres Kalb sind es.

Während das Leittier mißtrauisch, mit spielenden Lauschern, den Wind prüft und aufmerksam umheräugt, hat der Jäger längst sein Fernglas aus den Händen gelassen und beobachtet das kleine Rudel, die Büchse im Voranschlag, durch die Optik mit dem Fadenkreuz.

Noch stehen die Stücke fast regungslos, aber so dicht zusammen, daß ein sicherer Schuß nicht zu verantworten ist.

Es ist noch hell, und die Zeit, bis sich das Büchsenlicht in den Schatten der hohen Bäume verkriecht, bis sich die Dämmerung langsam über den Wald legt und zwischen die Stämme zu schleichen beginnt, ist noch fern.

Endlich kommt wieder Bewegung in das Rudel. Die Stücke treten nervös hin und her.

Doch dann zieht das Leittier voran auf die freie Fläche, und wie auf einer Perlenschnur aufgereiht folgen die anderen.

Scharf und kontrastreich zeichnet sich das schwächere der beiden Kälber im Zielfernrohr ab, bevor sich der Zeigefinger des Jägers langsam um den Abzug der Büchse krümmt und laut der Schuß bricht.

Während das Geräusch des Durchrepetierens hart und metallisch dem lauten Knall folgt, prasselt das Rudel zurück zur Dickung.

Als letztes folgt das beschossene Kalb, bricht aber nach einigen Fluchten am Dickungsrand zusammen, während das Rudel verschwindet, bevor der Jäger einen zweiten Schuß anbringen kann.

Ein Hirschkalb ist es, aber ein recht kümmerliches, das der Wildbahn entnommen wurde, und der Jäger weiß, daß er die kommenden Abende wieder hier auf das Rudel warten und seiner Aufgabe als Heger des Wildbestandes nachkommen wird, um auch das schwache Alttier zu erlegen.

PIRSCH DURCH DEN
DEZEMBER

Es ist endgültig Winter geworden. Die Vegetation ruht. Der Begriff »Vergehen« aber paßt nicht für den Dezember, es herrscht nämlich ganz und gar keine vegetationslose Zeit. Die Natur gönnt sich lediglich eine kurze Verschnaufpause, um bald wieder im Überfluß zu voller Schönheit zu erblühen.

Im tiefen Schnee machen die grünen Blätter der Christrosen mit ihren zart leuchtenden Blüten bereits einen zaghaften Anfang für das bevorstehende große Erwachen.

Die verschwenderische Farbenpracht des Waldes leuchtet zwar nicht mehr, wie noch im Oktober, von den bunt belaubten Bäumen herab, sondern nur noch vom Erdboden herauf, doch auch diese Stimmung hat ihren Reiz.

Gamswild ist hervorragend an die harten Lebensbedingungen im Hochgebirge angepaßt. Seine Kletterkünste, der sichere Tritt auf schmalem Grat in schwindelnder Höhe, versetzt Uneingeweihten, mit den Gegebenheiten der Berge nicht Vertraute, immer wieder in Erstaunen.

Die letzten Kiebitze und Krammetsvögel sind nun nach Süden oder Westen gezogen, aber an schönen, warmen Tagen singen immer noch Zaunkönig, Kreuzschnabel, Buntspecht, Amsel, Kleiber und Meisen. Es gilt, das Wild an die Fütterungen zu gewöhnen, selbst wenn noch keine wirkliche Not herrscht: »Dezemberschnee tut nicht weh«, lautet ein alter Hegespruch.

Beim ersten Schneefall bewegen sich viele Wildtiere für ein oder zwei Tage kaum, so ist diese Zeit zum Abfährten ungeeignet. Danach aber, wenn es wieder schneit, bietet der Spurschnee dem Jäger beste Möglichkeiten, flächendeckend in seinem Revier viele Geheimnisse seines Wildbestandes zu lüften.

Während sich die »Hohe Zeit« des Gamswildes ihrem Ende zuneigt (ab dem 16. hat das Krickelwild Schonzeit) und in Revieren mit einer intakten Schwarzwildpopulation die Rauschzeit in vollem Gange ist, selbst alte Keiler mitunter auch tagsüber unterwegs sind, klingt das alte Jahr langsam aus.

Der 22. Dezember ist der Tag der Wintersonnenwende. Ab nun werden die Tage wieder länger.

Der »Julmond« ist noch ein Monat der Gesellschaftsjagden.

Die immer noch kurzen Tage des letzten Monats im Jahr sind zwar Jagdtage und seine langen Nächte Fangnächte, aber während der erfolgreiche Fallenjäger durch reife Bälge belohnt wird, sollte der Hegeabschuß des Schalenwildes nach Möglichkeit nun allmählich abgeschlossen werden.

Bei hohem Schnee leidet das Wild in dieser Zeit oft auch bittere Not. Dann bleiben Büchse und Flinte zu Hause. Winterliche Pirschgänge durch das von Rauhreif überzogene Revier, wenn sich die Zweige der Bäume und Sträucher wie Silber-

filigran gegen den Himmel abzeichnen, die trockenen Gräser und Samenkapseln entlang des Pirschpfades ganz mit Eiskristallen besetzt sind und hell im Sonnenlicht funkeln, bieten mit oder ohne Gewehr unvergeßliche Anblicke.

Versetzt starker Frost die Natur in eine tiefe Winterstarre, sind Moor und Wasser zugefroren, wird mitunter Hilfe durch den Menschen, wird behutsames Füttern notwendig. Und reicht man eine gesunde, natürliche Mischung von energiereicher Äsung mit entsprechendem Saftfutter und angemessenem Rohfasergehalt, werden zusätzlich Verbiß- und Schälschäden eingeschränkt.

Das natürliche Äsungsangebot reicht nicht in allen Revieren aus oder liegt zumindest unter einer dicken Schneedecke begraben.

Selbst den zahlreichen aus dem Norden angewanderten Greifvögeln wird mit Fallwild und Aufbruch geholfen, bevor sie sich noch stärker an den ohnehin geschwächten Hasen-, Fasanen- und Rebhuhnbesätzen vergreifen.

Nur dem Schwarzwild kann die weiße Pracht normalerweise wenig anhaben.

Endlich kann, wenn der sehnlichst erwartete Schnee gefallen ist, gekreist werden, und so mancher Jäger, der den tristen Alltag am Schreibtisch verbringen muß, fiebert nun dem erlösenden Aufruf: »Sauen fest!« entgegen.

Erst wenn der Boden knochenhart gefroren ist und die Sauen nicht mehr brechen, mit ihrem Wurf nicht mehr das lockere Erdreich nach Fraß durchwühlen können, beginnt auch für sie eine

Wie ein lebhafter Farbklecks wirkt der Buntspecht in der winterlichen Landschaft.

Bei solchen Schneelagen ist ein Rucksack mit allerlei Leckerbissen für das Wild meistens wichtiger als die Büchse. Futter, mit Bedacht zur rechten Zeit und am richtigen Ort ausgelegt, kann manchem Wild das Überleben sichern.

harte Zeit. Dann sollten auch sie Schonzeit genießen, selbst wenn wegen der langsam abklingenden Rauschzeit die Schwarzkittel zu ungewöhnlichen Tageszeiten aktiv sind und das Gesetz seine Bejagung erlaubt.

Das an sich tagaktive Wild ist ja leider durch die menschlichen Störungen und die Unruhe in vielen Revieren eher nachtaktiv geworden und zieht meist erst in der späten Dämmerung oder gar in tiefer Nacht aus den schützenden Einständen. In der Rauschzeit aber vergessen selbst alte, erfahrene Keiler alle Vorsicht.
So schrieb bereits der bekannte Oberforstmeister Rudolf Fries, der noch viele Sauen vor der Meute zur Strecke gebracht hat, im Vorwort zu seinem 1963 im BLV-Verlag erschienenen Buch *Hatz - Watz*:
»Wenn auch schon das Schwarzwild auf unserem noch viel enger und ärmer gewordenen Raum nimmer gehegt werden kann, so muß es wenigstens anständig bejagt und erlegt werden, trotz schärfster Bejagung.«

Die Mäuse leben größtenteils unter der dichten Schneedecke, und gerade Greifvögel wie der Turmfalke leiden nun mitunter Not.

Ein Anblick, der
das Herz eines
jeden Jägers bei
der Drückjagd
höher schlagen
läßt: Schwarz-
kittel, wie an
einer Perlen-
schnur aufge-
zogen –eine
Doublette wäre
möglich . Für
manchen eine
Sternstunde in
seinem Jäger-
leben.

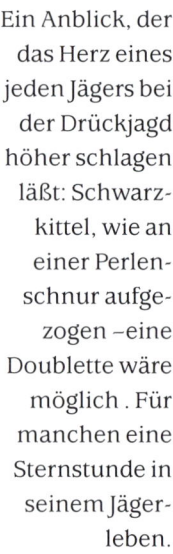

241

DEZEMBER-DRÜCKEN

Die Sonne strahlt aus einem blauen, wolkenlosen Himmel, die Luft ist kalt und klar.

Dicker Reif breitet sich auf den starken Ästen der hohen Bäume, und die Gräser haben silbrige Pelze angelegt. Die jungen Fichten sind zu malerischen »Weihnachtsbäumen« geworden. Büsche und Bäume blitzen von Rauhreif.

Und immer wieder steigen Spannung und Blutdruck, wenn Hundelaut näherkommt, sich überschlägt und mehr geiferndem Keifen als Bellen ähnelt.

Beruhigende und gleichzeitig erregende, herrliche Drückjagdstimmung.

Die Treiber sind noch weit entfernt, trotzdem beschleunigt sich der Puls des Jägers, als er von weither das Geläut zweier Hunde vernimmt. Erwartungsvoll kleben seine Blicke an dem Fichtenjungwuchs vor seinem Stand, wandern konzentriert nach rechts und links, aber dann verstummt der Laut, und allmählich entspannt sich der Körper wieder.

Es herrscht schon bald wieder Ruhe und Stille, und auch der Hund neben ihm, der sich aufmerksam erhoben hatte, setzt sich abermals auf seine Keulen.

Allerdings nur für kurze Zeit.

Erneut nähert sich helles Hundegeläut, entfernt sich und kommt dann direkt auf den gebannt wartenden Jäger zu. Feines Brechen ist zu vernehmen, leise, aber doch laut genug, um zwei Augenpaare wieder an den Dickungsrand zu zwingen.

Lautes Krachen von Ästen, Prasseln dürrer Zweige, und dann bricht es in einer aufstäubenden

Schneewolke aus dem jungen Bestand: Ein Überläufer versucht, zwanzig oder höchstens dreißig
Gänge entfernt, den breiten, verschneiten Sandweg zu überfallen.

Kurz bevor er den angrenzenden Bestand erreicht,
fliegt aber der Schaft der Büchse an Schulter und
Backe, hat der Jäger die Sau im Zielfernrohr erfaßt.
Der Kujel rolliert im hohen Schnee.

Auf weite Entfernung flüchten drei Rehe aus
dem Treiben. Der Hund verfolgt sie gespannt mit
den Augen, bis die wippenden Spiegel im Stangenholz verschwunden sind.

Ein Schwarm Meisen schwirrt heran. Von
Zweig zu Zweig, von Ast zu Ast schwingen sich die kleinen, munteren Vögel,
daß der pulverige Schnee nur so stäubt,
laut und fröhlich zirpend, als ob sie keinerlei
Wintersnot kennen.

Ein dicker Schneeklumpen fällt vom Baum herunter, plumpst leise auf den Boden, dann tritt
eine Ruhepause ein.

Doch sie währt nicht lange, denn in das tickende
Rufen eines Buntspechtes hallt der Knall zweier

Winterzeit -
Drückjagdzeit.
Der »weiße
Leithund«, die
geschlossene
Schneedecke,
verrät die
Tageseinstände
des Wildes.

Stecken sich die Sauen in fast undurchdring-lichen Dickungs-komplexen, wird man nur in Team-arbeit zwischen guten Hunden, erfahrenen Trei-bern und sicheren Schützen zum Erfolg kommen.

rasch hintereinander abgegebener Schüsse. Augenblicklich stellt sich bei Herr und Hund wieder Drückjagdfieber ein.

Der Hund starrt, am ganzen Körper zitternd, auf die jungen Fichten, und auch die Aufmerksamkeit des Jägers konzentriert sich darauf.

Trotz des hoch verschneiten Bodens ist ganz fein näherkommendes Wild zu vernehmen.

Die Büchse geht langsam in Voranschlag. Spannende Sekunden verstreichen, während die Augen des Jägers abwechselnd zu dem erwarteten Wild und zu seinem Hund wandern.

Wie von einem Katapult geschleudert, bricht plötzlich ein starkes Stück Schwarzwild hervor, gefolgt von drei, vier, fünf schwächeren Sauen. Erwartet und erhofft, aber doch so plötzlich und schnell überfällt die Rotte den Weg, daß der Jäger erst auf den letzten »Frosch« zu Schuß kommt, aber der liegt im Feuer.

Obwohl die Büchse sofort durchrepetiert ist, reicht die Zeit nicht mehr für einen zweiten Schuß auf die Rotte, bevor sie von der tiefverschneiten Dickung verschluckt wird. Nur die noch kurz wackelnden, nun vom Schnee befreiten Zweige verraten, wo der dunkle Spuk verschwand.

Einige Meisen und das Ticken eines Rotkehlchens bringen erneut Leben in das nachfolgende Schweigen des winterlichen Waldes. Kurze, befreiende Augenblicke, wenn aus der Ferne Hundegeläut erklingt oder der Knall eines Schusses durch die klare Luft herüberhallt. Vorausgegangen war jedesmal angespanntes Lauschen in starrer Haltung, die Büchse in Halbanschlag. Nur die Augen bewegen sich von links nach rechts und wieder zurück am Dickungsrand entlang, alles andere wird mit Zwang ruhig gehalten.

Langsam nähert sich schließlich auch die Treiberwehr.

Plötzlich noch einmal lautes Rufen, hysterische Schreie, geiferndes Kläffen – bei den zweibeinigen Jagdhelfern herrscht offenbar heilloses

»Jagd vorbei«, bald sind Horn und Geläut verklungen.

Je bunter die Hundemeute, desto vielversprechender beginnt meistens der Jagdtag...

...und endet dann auch entsprechend erfolgreich.

Durcheinander. Aus dem aufgeregten Stimmen-
gewirr kann man aber »Fuchs, Fuchs!« heraus-
hören, und immer wieder die gleiche innere Unruhe, die gleiche Drückjagdspannung, die sich
seit dem Anstellen kaum steigern konnte.

Kurz danach huscht tatsächlich ein Fuchs über
den Weg. Doch erst als er schon wieder fast in
der schützenden Deckung der angrenzenden
Dickung verschwunden ist, nimmt der Jäger ihn
wahr.

Noch bevor er die Büchse hochreißen
kann, haben die dichten Zweige den
Rotrock verschluckt, und der Jäger hat
das Nachsehen.

Es war ein großes Treiben gewesen, tiefer Friede lag manchmal um die Schützen, Ruhe und
Stille; Geduld beanspruchende Stunden, Aus-
dauer fordernde Minuten, spannende Sekunden, besinnliche Momente – und dann wieder
ließ die Drückjagdstimmung das Herz höher
schlagen und den Puls rasen.

Es dauert noch lange, bis die Treiber endlich die
Schützenreihe erreichen. Und zum letzten Mal,
bevor am prasselnden Feuer Strecke gelegt wird,
verkündet das Jagdhorn jubelnd: »Hahn in Ruh«,
und anschließend tönt es etwas schwermütig
und getragener: »Jagd aus, die Jagd aus, das
Jagen ist zu Ende, zu En – de!«

Wenn die Signale
»Hahn in Ruh«,
»Jagd vorbei« und
»Halali« ver-
klungen sind,
am prasselnden
Feuer Strecke
gelegt ist, gehen
die Gedanken von
Schützen und
Treibern noch
einmal in dank-
barer Erinnerung
zurück in den
Wald.

»SCHNEEHASEN«

Die vielen Spuren im Schnee, der Feld und Wald bedeckt, zeugen davon, daß Meister Lampe noch in genügend hohen Besätzen vorhanden ist.

Die Zeiten der groß angelegten Treibjagden auf Hasen aber sind längst Legende. Mümmelmann ist rarer in unseren Breiten geworden, allerdings noch nicht so selten, als daß es verantwortungslos wäre, auf den einen oder anderen wohlschmeckenden Festtagsbraten zum Jahresende zu verzichten.

So hockt der Jäger in der Deckung einer jungen, verkrüppelten Kiefer auf seinem Dreibein, an der Kante einer Schonung, vor einem längst abgeernteten Rübenacker, raucht, träumt in den schwindenden Tag, trinkt die leichte, wie Champagner prickelnde kalte Abendluft tief in die Lungen, läßt sich einfangen von der Magie dieses Wintermärchens und genießt.

Nur dreißig Meter zu seiner Linken führt im tiefen Schnee ein breiter Paß, ausgetreten von zahllosen Pfoten und Schalen, aus dem verschneiten Wald: ein verheißungsvoller Platz, um zu einem Küchenhasen zu kommen.

Kurz vor dem Rand der Schonung verzweigt sich dieser Pfad. Rehfährten und Hasenspuren verteilen sich über den großen Schlag.

Seit Wochen rücken die Hasen hier zur Äsung auf das fast kahle Feld, auf dem an einigen, vom Wind frei gewehten Stellen einzelne Halme ragen, grüne Spitzen sprießen und davon zeugen, daß das vielfältige Leben unter der gleißenden Pulverdecke weitergeht.

Trotz beginnender Notzeit findet das Wild hier immer noch genügend Äsung: Rüben, die bei der Ernte vom Roder gefallen sind, liegengebliebenes Blatt, aber auch frisches Grün, das sich bereits wieder unter der Schneedecke bildet.

Plötzlich wird die fast tote weiße Fläche lebendig, zaubert der Schnee, scheinbar aus dem Nichts, einen bräunlichen Wildkörper und reißt den Jäger aus seinen Dezemberträumereien.

Ein Hase hat den sonnigen Tag nicht im schattigen Wald, sondern auf dem Feld in seiner Sasse verbracht, macht nun einen Kegel, äugt aufmerksam in die Runde, spielt dabei unruhig mit den Löffeln, sinkt dann wieder in sich zusammen und ist nur

Hasenansitz mit dem bewährten Schneehemd

noch als länglicher, dunkler Punkt zu erkennen. Der Hase ist ein liebenswertes, aber gewiß kein hübsches Wild. Eher wirkt er unproportioniert in seinen Formen, als er nun auf scheinbar viel zu langen Hinterläufen über den Acker buckelt. Die Geduld des Jägers wird auf eine harte Probe gestellt. Er wagt kaum Luft zu holen, und wenn er ausatmet, tut er es durch die Nase, um zu vermeiden, daß verräterischer, warmer Dampf aus seinem Mund in den klaren Abend »raucht«.

Auch wenn der Krumme noch weit entfernt sitzt, zu weit für einen sicheren Schrotschuß, verharrt der Jäger regungslos hinter der Deckung.

Dann endlich kommt wieder Bewegung in das Feld. Gemächlich hoppelt Mümmelmann nach links, dann unruhig einige Sprünge vorwärts, legt seine langen Löffel zurück, schüttelt sich, beginnt ausgiebig und unter komischen Verrenkungen mit der Abendtoilette und erstarrt erneut zu einem unbeweglichen Kegel.

Zwischenzeitlich sind weit entfernt noch drei Hasen auf das Feld gehoppelt. Als gäbe es weit und breit keine Gefahren, mümmeln sie unbesorgt an den kaum sichtbaren Hälmchen und Stengeln in der weiten Schneelandschaft, kommen näher, entfernen sich wieder und sorgen so für abwechslungsreiche Spannung bei dem Wartenden.

Die ersten Sterne beginnen am Himmel zu flimmern, und fast unmerklich wird es dunkler, da wird die Aufmerksamkeit des Jägers vom Feld und von Meister Lampe abgelenkt.

Seine Blicke wandern zur Waldkante. Leichter Pulverschnee rieselt dort von einem der tiefhängenden Zweige einer Randkiefer.

Kurz darauf erscheint an dem ausgetretenen Wechsel ein weiterer Krummer.

Mißtrauisch verharrt er, auf den Keulen sitzend, auf der Grenze zwischen Wald und Feld, wächst zu einer unbeweglichen, hochaufgerichteten Statue, setzt sich sodann auf die Keulen und beginnt, immer wieder aufmerksam seine Umgebung musternd, zu äsen.

Ganz langsam hebt der Jäger seine Waffe, die Laufmündungen zeigen zu dem arglos äsenden Hasen, und als das Korn der Flinte einen Teil des Wildkörpers verdeckt, bricht, bellt, brüllt der donnernde Schrotschuß in die Stille des Winterabends.

Einen kurzen Hoppelsprung von dem Schützen fort macht der Krumme noch in der Schrotgarbe, dann sinkt er zur Seite.

Noch geblendet vom grellen Mündungsfeuer erhebt sich der Jäger von seinem Sitz, reckt die klamm gewordenen Glieder und geht dann zu seiner Beute.

Vor ihm liegt sie im Schnee, der plötzlich aussieht, als habe jemand eine Handvoll Rubine über ihn verstreut.

Liebevoll glättet er den schrotzerzausten Balg.

Es war ein besinnlicher Abend, keine schwierige Jagd, aber ein wenig von der Ursprünglichkeit des Waidwerks, nämlich das Beutemachen, war geblieben.

Etwas wehmütig stapft der Jäger heimwärts, er hat getan, was Jäger seit jeher taten und noch heute tun: Er hat von dem Überfluß der Natur genommen, und ein wohlschmeckender Festtagsbraten für die ganze Familie ist gesichert.

ZAUBER EINER WINTERNACHT

Federleicht und sanft, wie eine Daunendecke, legen sich die vom Himmel fallenden und wirbelnden Schneeflocken auf die Erde. Die einzelnen Kristalle üben dabei so wenig Druck aufeinander aus, daß die geschlossene Decke von Flocke zu Flocke kleine Luftkammern aufweist und so gleichsam aus fast unzähligen winzigen Heizkissen besteht. In und unter der Schneedecke ist es deshalb stets einige Grade wärmer als über ihr.

Eine solche Schneedecke ist eben kein kaltes »Leichentuch«, das sich über Feld und Flur breitet. Nur gedankenlose Menschen, die mit der Natur wenig verbunden sind, empfinden so. Sie ist vielmehr eine wärmende Schlafdecke für Tiere wie Pflanzen, Fruchtknoten wie Samenkörner, Insektenlarven wie Puppen. Dem sicheren Kältetod wären auch die winzigen Geschöpfe der Bodenfauna und Bodenflora ausgesetzt, genauso wie all das kleine »Kribbelkrabbelvolk«, das in den oberen Erdschichten überwintert. Dennoch ist es die ästhetische Schönheit der Schneedecke und des Rauhreifes, die uns am ehesten beeindruckt.

Tausendfach bricht sich das Licht in den kleinen Hohlräumen zwischen den obersten Schneeflocken wie in kristallenen Spiegeln, und mitunter muß man geblendet die Augen vor dieser glitzernden Funkelpracht schließen. Ein Naturereignis, das durch die ständige Erwärmung der Erde von Jahr zu Jahr seltener bzw. geringer ausgeprägt zu beobachten ist. Weiße Weihnachten sind in den letzten Jahren auch bei uns in Deutschland weniger geworden.

Die Landschaft wirkt sauber und freundlich. Die Büsche haben weiße Hauben aufgesetzt, die Bäume tragen dicke weiße Umhänge, Rauhreif umhüllt Gräser und Sträucher, daß sie sich unter der Last schwer nach unten biegen. Die weiße Pracht funkelt und flimmert so stark, daß man schützend die Hand vor die Augen hält.

Für den Jäger ist die dichte Schneedecke zudem ein aufgeschlagenes und lehrreiches Buch, in dem er lesen kann und aus dem er Aufschluß über alle Bewegungen in seinem Revier erhält. »Der weiße Leithund« – ein Wortspiel unserer Vorfahren, von dem jetzt deutlich wird, wie überlegt die Bezeichnung gewählt wurde: Auf der gleißenden Schneedecke nämlich bleibt dem menschlichen Auge kaum etwas verborgen. Fährten von Schalenwild, Hasenspuren, Gelbkehlchens charakteristische, paarweise nebeneinanderstehende Tritte, die von Reineke durch

den Schnee gezogene Perlenschnur sowie allerlei Geläufe verraten, was sich in der vergangenen Nacht im Revier abgespielt hat.

Der weiche Schnee schluckt die Geräusche, nur ein paar Meisen turnen zirpend im kahlen Geäst. Sonst herrscht Ruhe, tiefer Frieden. Die Luft ist klar. Langsam stapft der Jäger mit seinem Hund durch die weiße Pracht. Längst hat es aufgehört zu schneien.

Hasenspuren folgen dem Waldweg, Rehfährten kreuzen, ein Fuchs ist wenige Meter am Wegrand entlang geschnürt, und zweimal stoßen die beiden auf frische Rotwildfährten.

Weit hinter der Grenze fällt ein Schuß und unterbricht die tiefe Stille des friedvollen Abends. Deutlich war Kugelschlag zu vernehmen.

Der Jäger selber aber will an diesem Abend nicht schießen, er will lediglich schweigend lauschen, riechen, schmecken, beobachten, die Tiefe der Natur fühlen und eins mit ihr sein.

Schließlich verläßt er den breiten Weg, um zu einer Blöße zu gelangen, an deren Rand die kleine Ansitzleiter an eine Kiefer gelehnt steht. Unmöglich ist es, geräuschlos einen Fuß vor den anderen zu setzen. Es knirscht, bricht und knackt unter den derben Stiefeln, bis er schließlich die Lichtung erreicht und die Leiter emporsteigt.

Die Dämmerung kommt schnell. Die Wolken sind zwischenzeitlich aufgerissen, der halbe Mond scheint vom Himmel, und es wird eine eisige, kalte Nacht werden, eine Nacht wie viele andere, und doch für die Welt eine ganz besondere Nacht. In Gedanken versunken kauert der Jäger auf seinem Sitz, bis ihn das Schrecken eines Rehes aus seinen Träumereien reißt.

Da steht plötzlich ein einzelnes Stück Rotwild am Ende der Lichtung. Behutsam nimmt der Jäger das Fernglas vor die Augen und erkennt gegen die helle Schneefläche klar und deutlich einen Schmalspießer. Vertraut äst er von dem bereiften Beerengerank. Ein Bild des Friedens! Doch schon ein Lidschlag später zuckt der Jäger zusammen.

Der Hirsch hat einen Schritt nach vorne gemacht, eher einen ungelenken Sprung, und das starke Nachtglas gibt Gewißheit, als sich das Stück weiter unbeholfen und gequält vorwärts bewegt: Der Hirsch schont. Sein linker Vorderlauf schlenkert kraftlos hin und her.

Der Tod eines Tieres durch den Jäger, gerade am Heiligen Abend, stellt immer wieder die Frage nach dem Sinn der Schöpfung, muß dem Jäger seine Verantwortung für die Kreatur neu bewußt machen; traurig machen sollte sie ihn aber nicht. Nur kurz zögert er daher.

Und als der gräßlich laute Knall des Schusses den Abend entweiht hat und der schwerkranke Hirsch augenblicklich zusammenbricht, ist der Jäger froh, das Wild von seinen Qualen erlöst zu haben.

Später, beim Aufbrechen stellt er fest, daß der Vorderlauf, wohl durch den Zusammenstoß mit einem Auto, zertrümmert worden war.

Sobald dann ganz allmählich die Dämmerung die Bäume endgültig zu einer dunklen, einheitlichen Masse zusammenzuschmelzen beginnt und die Konturen langsam verwischen, zieht der Jäger, nachdem er das Wild versorgt hat, dankbar mit dem Hund aus dem Revier nach Hause.

Der leichte Wind weht dann aus der Ferne das Läuten der Kirchenglocken herüber, und die Himmelslichter strahlen in all ihrem Glanz groß und unendlich, wie ein gewaltiger Weihnachtsbaum, indes beginnt zwar wieder eine Nacht wie viele andere, aber nun, eine Woche vor Ende des Jahres, ist es nicht nur für Jäger, sondern für alle Menschen eine ganz besondere Nacht.

WAIDMANNSDANK UND WAIDMANNSHEIL!

Bibliografische Information Der Deutschen Bibliothek

Die Deutsche Bibliothek verzeichnet diese Publikation in der Deutschen Nationalbibliografie; detaillierte bibliografische Daten sind im Internet über http://dnb.ddb.de abrufbar.

2. Auflage, Sonderausgabe

BLV Verlagsgesellschaft mbH
München Wien Zürich
80797 München

Einbandgestaltung: Anja Masuch, Puchheim
Satz und Layout: Atelier Langenfass, Ismaning
Lektorat: Gerhard Seilmeier, Dr. Eva Dempewolf
Litho: Repro Landshut
Druck: Appl, Wemding
Bindung: Conzella Verlagsbuchbinderei, Aschheim
Gedruckt auf chlorfrei gebleichtem Papier

Printed in Germany · ISBN 3-405-16645-4

Ein Buch aus dem Verlag

Bildnachweis

Titelmotiv: Erich Marek
Rückseite: S. Meyers
Hg.Arndt: 64, 78, 98/99, 102/103, 116/117, 148u, 200/201, 202
S.E.Arndt: 58/59, 70, 84u, 226, 227
Apel: 84 ol, 156
Danegger: 11 ur, 23, 28/29, 30 o, 34/35, 50u, 52, 53, 54, 63, 66u, 71, 72/73, 84 or, 85 o, 87, 108, 111, 140/141, 146/147, 148/149, 190/191, 194/195, 195 u, 199, 236, 248
Hassenpflug: 100, 245
Dr. Hirsch: 11 o
Hopf: 36
Irsch: 46/47
Kalden: 252
Kieling: 104 o
Limbrunner: 26, 36, 37, 40, 62 ul, 95, 106, 121, 132/133, 144/145, 157 o, 178/179, 198, 210 or, 210 ol, 238/239
Markmann: 22, 138, 249
Marek: 6, 7u, 16/17, 20, 27, 30u, 33, 75, 97, 110, 114/115, 118/119, 127, 143 r, 180/181, 182/183, 186, 223 o, 228/229, 237, 250/251, 253
Meyers: 2/3, 7 o, 12/13, 51u, 105, 124, 124/125, 126, 174/175, 232/233, 244
Nagel: 16 r, 32u, 76/77, 80 ol, 81 ur, 104u, 131, 136, 139, 142/143, 150, 176, 177, 192, 192/193, 196, 204/205, 209, 219, 220, 222/223, 245 u, 246/247
Pforr: 13 or, 16 l, 51 o, 55, 57, 62 ur, 74, 84 ul, 93, 96, 106/107, 107 o, 120u, 120 o, 156/157, 179, 196 o, 212
Radenbach: 8/9, 14, 18/19, 42/43, 43 o, 62 o, 66 o, 86 o, 213, 214/215, 230
Rogl: 234/235
Rolfes: 113
Rüter: 151
Reinhard: 15, 21, 37, 38, 39, 48, 50 o, 60/61, 65, 101, 129 o, 135, 157u, 210, 239
Schiersmann: 31, 45, 49, 56, 79, 88, 89, 90, 128, 154/155, 164/165, 166/167, 168/169, 184/185, 211, 224/225
Siedel: 208 u
Stöcker: 24/25
Thiermeyer: 10 o, 10 u, 41, 152/153, 208 o, 218
Trippler-Berning: 94
Völkel: 216/217
Volkmar: 1, 67, 68/69, 85u, 86u, 91, 92/93, 122/123, 130, 134, 160/161, 162/163, 170, 171, 173, 189, 202/203, 206/207, 222, 240/241, 242u, 251 o
Warter: 82/83, 187, 188/189, 242/243, 246
Willner: 80/81, 120u, 129u, 158/159, 197, 212u

Illustrationen (Kopfzeile): Horst Juhl

Know-how für die Jagdpraxis

BLV Jagdpraxis
Gert G. von Harling
Die Blattjagd
Theorie und Praxis der Jagd auf den Rehbock mittels Blatten (Imitation des Rehrufs); Vorbereitung und Blattstand, Ausrüstung, Gebrauch des Blattinstruments usw.

Fritz Nüßlein
Das praktische Handbuch der Jagdkunde
Seit Jahrzehnten ein Begriff, jetzt in Neuausgabe – »Der Nüßlein«, das anerkannte Standardwerk für Ausbildung und Praxis: der aktuelle Wissensstand zu Jagdrecht, Wildkunde, Jagdbetrieb, Wildkrankheiten, Jagdhunde, Waffenkunde, Natur- und Umweltschutz, Land- und Waldbau.

Werner Reb
Jagdwaffen-Praxis
Pflichtlektüre für jeden Waidmann: waffentechnisches Wissen für die Jagdpraxis im Revier und für die Auslandsjagd; nach neuestem Stand der Technik: Jagdwaffen, Munition und optische Geräte.

Bruno Hespeler
Hege und Jagd im Jahreslauf
Fundiertes Wissen zu Hege und Jagd – kompakt, präzise und praxisgerecht: alle Revierarbeiten Monat für Monat, konkrete Problemlösungen mit vielen Beispielen.

Bernd Krewer
Jagdhunde in Deutschland
Alle in Deutschland und im JGHV geführten Rassen: Erscheinungsbild, Herkunft, Charakter, besondere Auszeichnungen, jagdliche Qualifikation, Zuchtgrundsätze und spezifische Eignung für den Jagdbetrieb.

Jagd-Lexikon
Die große Enzyklopädie der Jagd: das moderne Standardwerk mit über 6500 Stichwörtern zu allen Bereichen der Jagdwissenschaft und Jagdpraxis – komprimiertes Wissen von 20 kompetenten Fachautoren.

Egon J. Lechner
Jagdparadiese in aller Welt
Jagdberichte aus allen Erdteilen mit Informationen über die Länder und deren Hauptwildarten sowie praktische Reisetipps für Auslandsjäger.

Egon J. Lechner
Auf fernen Wechseln
Aktuelle Reiseberichte von spannenden Jagderlebnissen in allen Erdteilen; fundierte Informationen über die wichtigsten Jagdländer und ihre Wildarten.

Im BLV Verlag finden Sie Bücher zu den Themen: Garten und Zimmerpflanzen • Natur • Heimtiere • Jagd und Angeln • Pferde und Reiten • Sport und Fitness • Wandern und Alpinismus • Essen und Trinken

Ausführliche Informationen erhalten Sie bei:
BLV Verlagsgesellschaft mbH • Postfach 40 03 20 • 80703 München
Tel. 089 / 127 05-0 • Fax 089 / 127 05-543 • http://www.blv.de